Handbuch Vorlesen

Über die Autorin

Melanie Friedrich, Jahrgang 1974, arbeitet hauptberuflich als freie Redakteurin. Zum Vorlesen kam sie über ihre Tochter und durch ihr ehrenamtliches Engagement in Schulen, Kindertagesstätten und Nachbarschaftstreffs. 2005 gründete sie ein regionales Vorlesenetzwerk in ihrer Heimatstadt Ravensburg, das Freiwillige in Bildungseinrichtungen vermittelt und betreut. Daneben war sie zwei Jahre lang hauptamtlich Projektleiterin des Vorlesenetzwerks Bodensee und hielt Seminare zum Thema Vorlesen.

Danke

Die Autorin dankt Lesewelt e. V., dem Netzwerk der Vorleseinitiativen, für sein Stipendium, mit dem dieses Buch ermöglicht wurde. Ein weiterer Dank geht an Maria Stich und Josef de Jong für hilfreiche Rückmeldungen und Tipps.

Melanie Friedrich
Handbuch Vorlesen

Bibliografische Information der Deutschen Nationalbibliothek:
Die Deutsche Nationalbibliothek verzeichnet diese Publikation
in der Deutschen Nationalbibliografie; detaillierte bibliografische
Daten sind im Internet über http://dnb.dnb.de abrufen.

©2014 Melanie Friedrich
Springerstraße 81, 88214 Ravensburg
Herstellung und Verlag:
BoD - Books on Demand, Norderstedt
Covergestaltung und Layout:
Svenja Kranz, www.streugut.info
Die Zeichnungen im Buch stammen von der Autorin.

ISBN 9783734739026

| Inhalt |

0.| Tipps zum schnellen Einstieg für Anfänger

Lesen Sie **zu Hause oder in einem privaten Rahmen** vor? Wenn nein, springen Sie bitte zur Überschrift „öffentlicher Rahmen" (siehe nächste Seite).

- Schaffen Sie in kleines, feines **Ritual**, um Vorlesen fest in Ihren Alltag einzubauen und es sich und Ihren Zuhörern richtig gemütlich zu machen! Das kann die Siesta auf dem Sofa sein, die Zeit vor dem Zu-Bett-Gehen oder das Anzünden einer Kerze oder Schlagen einer Klangschale.

- Lassen Sie nicht immer Ihre Kinder das **Vorlesebuch** aussuchen. Wählen Sie möglichst passend zu Interessen und Entwicklungsstand Bücher für Ihre Zuhörer aus, aber fordern Sie sie auch heraus! Vielfalt ist Trumpf und bildet den Geschmack.

- Auch wenn Sie nur zwischendurch kurz vorlesen: Seien Sie mit ganzem **Herzen** dabei (und nicht in Gedanken schon beim Kochen).

- Imitieren Sie keine **Stimmen**, wenn Sie das nicht mögen oder Ihre Stimme zu sehr anstrengt. Indem Sie laut/leise/langsam/schnell lesen, können Sie einer Person auch einen Charakter geben.

- Geben Sie Ihren Zuhörern Zeit für **Zwischenfragen oder zum selbst Erzählen**. Vorlesen als Sprachförderung klappt besonders gut, wenn auch die Kinder zu Wort kommen dürfen!

Lesen Sie in einem **öffentlichen Rahmen** vor, d.h. Sie kennen Ihr Publikum (noch) nicht (gut) und sind zum Beispiel an einer Bildungseinrichtung aktiv?

- Achten Sie auf einen **Vorleseraum**, der Ruhe ausstrahlt und eine gute Akustik hat.

- Holen Sie sich eine **Beraterin** an Ihre Seite – eine Vorlesekollegin, Erzieherin oder Lehrerin, die Leitung der Bildungseinrichtung, eine Bibliothekarin oder Buchhändlerin.

- Lassen Sie Ihre Zuhörer auf **Stühlen in einem (Halb-)Kreis** sitzen.

- Mit **witzigen, frechen, ungewöhnlichen Büchern** können Sie ein neues Publikum schnell für sich einnehmen. Dass in einer größeren Gruppe nicht jedes Buch gleichermaßen gut ankommt – damit können Sie leben!

- Bereiten Sie Ihre Vorlesegeschichte daheim **gut** vor: laut lesen, Pausen planen, in die Stimmung hineinfühlen, W-Fragen vorbereiten.

- Sollten Sie es wiedersehen: Lernen Sie Ihr **Publikum** gut kennen (Namen abfragen, Spiele vorbereiten).

- **Lieber zu kurz** als zu lang vorlesen!

- In einer neuen Gruppe lieber mit **abgeschlossenen Geschichten** beginnen und erst im Lauf der Zeit Fortsetzungsgeschichten testen.

- Lesen Sie **mit Pausen und lebendig** vor – das setzt voraus, dass Sie ein Buch auswählen, dass Ihnen richtig gut gefällt!

- Bei **Bilderbüchern**: Achten Sie auf großformatige Bilder. Zeigen Sie diese gleich nach dem Vorlesen der Doppelseite reihum jedem Kind. Planen Sie Zeit zum Anschauen ein.

Ich begrüße Sie und freue mich, dass dieses Buch den Weg zu Ihnen gefunden hat. Der Einfachheit halber und um des persönlichen Tones willen möchte ich so tun, als seien Sie eine meiner Seminarteilnehmerinnen. Dieses Buch ist **als Ratgeber und Nachschlagewerk** von mir für Sie gedacht, aber da Sie einen guten Sprachstil sicher ebenso schätzen wie ich, finden Sie zu jedem Stichwort einen Fließtext, aufgebaut wie ein Seminarmodul, mit Beispielen aus der Praxis und Übungen. Da ich eine gute, geschlechterbewusste Ansprache wichtig finde, spreche ich bewusst unterschiedlich von Männern und Frauen, verzichte aber der Lesbarkeit zuliebe auf komplizierte Konstruktionen.

Dieses Handbuch soll Ihnen alles Rüstzeug vermitteln, damit Sie **gut und mit Freude vorlesen**. Dabei habe ich vor allem jene im Blick, die ehrenamtlich Kindern in Bildungseinrichtungen vorlesen, aber auch Eltern, Lehrerinnen und Erzieherinnen oder auch Personen, die anderen Zielgruppen wie zum Beispiel Senioren vorlesen.

Vorlesen kann doch jeder, der lesen gelernt hat – so denken viele. Und tatsächlich gilt dieser Satz für alle, die Kinder ganz nah bei sich haben, als Eltern, Großeltern, Verwandte, Tageseltern. Denn Sie haben bereits eine vielfältige Beziehung zu Ihren Zuhörern, und meistens kleben sie an Ihren Lippen, auf Ihrem Schoß und wollen nur eines: „Noch ein Kapitel!" Wenn es mit dem Zuhören mal nicht klappt, kann Ihnen dieses Buch insbesondere in den Bereichen **Rituale und Buchauswahl** weiterhelfen.

Wer jedoch einem **größeren Publikum** vorliest, zu dem die Bindung (noch) nicht so eng ist, der sollte an ganz vielen Dingen ansetzen, um eine für Vorleser und Zuhörer gleichermaßen vergnügliche Vorlesestunde zu gestalten. Vielleicht waren Sie als begeisterte Leserin ja auch schon mal bei der Lesung eines berühmten Autors, die Sie bitter enttäuscht hat, obwohl im Buch doch die schönsten Sätze standen? Selbst wer also ein anerkannter Schriftsteller ist und einen tollen Text vor sich hat, kann nicht automatisch gut vorlesen!

Das Vorlesen, dass Sie und ich meinen, hat nichts mit dem sturen „Flüssig-Schnell-Schnell"-Vorlesen im Klassenzimmer zu tun, das viele auch später noch praktizieren, aber auch nichts mit Talent. Naturtalente mag es auch unter Vorlesern einige geben (sie profitieren meist einfach von einer schönen Stimme), aber ich bin der festen Überzeugung, **dass Vorlesen gelernt werden kann**, durch Tun und Üben, ohne jahrelange Stimmausbildung, wie sie viele professionelle Hörbuchsprecher (selbstverständlich) absolviert haben.

Dieses Buch wird aus Ihnen keinen zweiten Rufus Beck machen, keine falschen Erwartungen bitte! Sie werden es jedoch mithilfe meiner Ratschläge schaffen, Ihren Zuhörern Freude zu bereiten, an der Geschichte, an der Art Ihrer Präsentation; und Sie selbst werden es ebenfalls genießen. Und wissen, mit welchen Mitteln Sie was erreichen. Entweder blättern Sie einfach um oder Sie springen in das Kapitel, dass Sie gerade brauchen. Dieses Handbuch begleitet Sie hoffentlich durch viele Jahre des Vorlesens! Ich wünsche Ihnen viel Vergnügen dabei.

Dezember 2014
Melanie Friedrich

Darauf haben Sie sicherlich Ihre persönliche Antwort gehabt, bevor Sie in dieses Buch geschaut haben. Wahrscheinlich, hoffentlich!- hat sie mit Spaß zu tun: Freude an Büchern, erwartungsvollen Gesichtern, leuchtenden Kinderaugen.

Weshalb ich Sie trotzdem dazu einladen möchte, mit mir weitere Antworten zu erforschen, liegt daran, dass ich Ihre Motivation erhöhen möchte. Wenn Sie erst mal wissen, was Vorlesen alles bewirken kann, werden Sie auch Momente überstehen, in denen es mal nicht so gut läuft.

Ich möchte Ihnen jetzt die Leseblume vorstellen, eine Gattung, die gerne ebenso unterschätzt wird, wie die Brennnessel in der Kräutermedizin. Im Gegensatz zur Brennnessel ist sie leider auch noch nicht so weit verbreitet…

1.2.1. Die Leseblume

Was passiert eigentlich beim Vorlesen? Der Grafik zufolge wächst dabei in jedem eine besondere Blume mit vier Blütenblättern:

Herz - Das Herz steht für die körperliche Nähe zum Vorleser. Eine Vorlesestunde ist ganz einfach erst einmal eine Begegnung in einem geborgenen Rahmen. Man teilt damit gemeinsam eine Geschichte und kommuniziert, der Zuhörer wird wahrgenommen und erfährt Aufmerksamkeit und Achtung für die eigene Person.

Gesicht - Das lachende Gesicht steht für das Erlernen sozialer Kompetenz: für Kinder ist es leichter, anhand fiktionaler Geschichten Situationen, Konflikte, Probleme, Gefühle kennen zu lernen und über mögliche Konsequenzen zu reflektieren – Stichwort Empathie!

Spiegel - Der Spiegel steht für die Identifikation mit dem Buchhelden/heldin, über die Kinder erkennen können: So wäre ich auch gern, oder: So bin ich gar nicht. Der Spiegel ist aber auch ein magisches, märchenhaftes Symbol für die Vorstellungskraft und die Fantasie, die durch Geschichten angeregt werden.

Kerze - Die Kerze mit ihrem Licht steht für Wissenserwerb („Da geht mir ein Licht auf!"). Durch Vorlesen bekommen bereits Kleinkinder wertvolle Informationen und Anregungen für ihre kognitive Entwicklung. Das Interesse und die Neugier an neuen Sachverhalten wird spielerisch und kreativ geweckt, ihr Wortschatz, ihr Gedächtnis und ihre Konzentrationsfähigkeit werden gefördert. Deshalb ist auch die Wiederholung so wichtig, und deshalb lieben es viele Kinder, ein Buch mehr als einmal zu hören!

Also:
Durch Vorlesen erfahren die Kinder Liebe. Sie erfahren die Welt und andere Menschen. Sie lernen sich selbst kennen. Vorlesen macht schlau und erhöht die Sprachgewandtheit – und Kinder erhalten einen **Schlüssel zu ihrem „inneren Fernseher"**.

Die Leseblume zeigt auch ganz deutlich, was fehlt, wenn das Vorlesen durch Hörbücher, Fernsehen, Computerspiele etc. ersetzt wird!

Lange wurde Vorlesen in den Bereich der „Kuschelpädagogik" verwiesen. Seit der PISA-Studie, die deutlich zeigte, dass erschreckend viele Kinder über keine ausreichende Lesekompetenz verfügen, hat sich die Forschung verstärkt mit dem Thema Lesen auseinandergesetzt. Dass dabei das „Vorlesen die Mutter des Lesens" ist, wusste aber schon Johann Wolfgang von Goethe.

Durch den Vorgang des Vorlesens, so einfach er einem Erwachsenen auch vorkommen mag, machen Kinder wichtige, prägende Erfahrungen und haben nachweisbar Vorteile in vielen Bereichen:

Eine Studie der Pädagogischen Hochschule Weingarten[1] zeigte, dass regelmäßiges Vorlesen selbst bei Achtklässlern noch signifikant deren Lesefähigkeit erhöht. Darüber hinaus zeigte sich in der Versuchsanordnung – Lehrer lasen ihrer Klasse zwei- bis dreimal mal pro Woche ca. zehn Minuten vor – dass sich auch das Klassenklima erheblich verbesserte und die Schüler in ihrer Freizeit mehr lasen. Eine andere Studie[2] ergab, dass Kinder, denen vorgelesen wird, auch bessere Noten in Deutsch und Mathematik erzielen.

Also: **Vorlesen macht schlau.** Nicht nur im Herzen, sondern auch im Hirn!

1.2.3. Warum sollen Ehrenamtliche vorlesen?

Unbestritten ist, dass Vorlesen eigentlich **Hauptaufgabe der Eltern** sein sollte. Ergebnisse von Studien der Stiftung Lesen[3] seit dem Jahr 2007 zeigen aber, dass regelmäßiges Vorlesen in der Familie für ein Drittel der Eltern nicht selbstverständlich ist und insbesondere nach dem Schuleintritt ein Bruch einsetzt. Dabei fordern Wissenschaftler, dass Eltern ihrem Kind von ca. acht Monaten bis über das Grundschulalter hinaus vorlesen sollten (ich habe auch gute Erfahrungen mit Teenagern gemacht!). Auch die Studie der Pädagogischen Hochschule Weingarten ergab, dass der Zuwachs der Lesefähigkeit durch re-

---

1 www.lesefoerderung-durch-vorlesen.de
2 www.stiftunglesen.de, Vorlesestudie 2011
3 www.stiftunglesen.de, Vorlesestudie 2013

gelmäßiges Vorlesen bei den **Zweit- und Drittklässlern** am größten war – ein Alter, in dem viele Kinder als fähig gelten, selbst zu lesen, aber oft noch nicht den Stoff schaffen, der sie auch intellektuell herausfordert.

Die These, dass vor allem in der Unterschicht zu wenig vorgelesen wird, revidierte die Untersuchung der Stiftung Lesen von 2008, in der Kinder befragt wurden: „Alle Schichten sind betroffen: Mehr als ein Drittel der Eltern liest aus der Sicht der Kinder nicht vor – Einkommen und Bildungsgrad spielen dabei fast keine Rolle.“

In Schulen und Kindergärten gehört Vorlesen zwar zum Bildungsauftrag. Doch in der Praxis geben viele Erzieherinnen und Lehrerinnen zu, dass sie nicht so oft dazu kommen, wie sie eigentlich möchten. Zudem wird das Vorlesen eines Buches oft mit dem Bildungsplan verbunden – **Lesen um der reinen Lust am Buch willen** kommt selten vor. Deshalb wird das Vorlesen durch Ehrenamtliche von Bildungseinrichtungen fast immer als Bereicherung begrüßt. „Da kommt extra jemand mit einem Buch!“ lautete die Rückmeldung einer Kindergartenleiterin, die von den Reaktionen ihrer Kinder erzählte. „Kommt die auch wieder?“ fragen Kinder oft nach der ersten Vorlesestunde.

Häufig sind diese Ehrenamtlichen über 60 Jahre alt, was somit ein **generationenübergreifendes Miteinander** fördert. Der Anteil männlicher Vorleser kann in regionalen Netzwerken überdies höher sein als der Anteil vorlesender Väter (neun Prozent lt. Stiftung Lesen) und als der Männeranteil von Pädagogen in Kindergärten und Grundschulen (max. 15 Prozent)[4] : in Vorlesenetzwerken liegt er meiner Erfahrung nach zwischen zehn und 25 Prozent. Vorlesende Männer zeigen Kindern, dass das Medium Buch nicht ausschließlich weiblich besetzt ist. Das finde ich nicht nur für die Jungen wichtig, die gerade sehr in den Fokus gerückt werden. Auch Mädchen sollten erleben, dass Bücher jedem Geschlecht offen stehen und diese Erfahrung später ihren Kindern weitergeben, indem sie Vorlesen vom Vater selbstverständlich einfordern!

Was Ehrenamtliche besonders qualifiziert: Sie sind ein **greifbares Vorbild** dafür, dass Lesen um seiner selbst willen Spaß macht und inspirierend ist. Umgekehrt sollten Sie als Mensch, der anderen die Welt der Bücher aufschlie-

---

4 www.spiegel.de/schulspiegel/wissen/maennermangel-an-schulen-lehrerinnen-schaden-schuelern-nicht-a-682019.html, 6.3.2010

ßen möchte, neben Ihrer Begeisterung für Literatur auch Begeisterung für das Miteinander mitbringen. Nicht jede Leseratte mag die Dynamik von Gruppen, die Lebhaftigkeit von Kindern, Diskussionen und Austausch. Gerade das bringt Vorlesen aber mit sich!

1.2.4. Warum wollen Ehrenamtliche vorlesen?

Ich werde Sie jetzt nicht damit langweilen, Ihnen Motivationsgründe aufzuzählen, die bei Ihnen vielleicht zutreffen oder auch nicht. Im direkten Kontakt mit Vorlesern habe ich aber festgestellt, dass ein Punkt ganz wesentlich ist, warum man anderen vorlesen will – und dieser Punkt kann eine Quelle der Inspiration für die Gestaltung Ihres Vorleseangebots sein oder sogar eine richtige Kraftquelle, wenn es heißt, einmal eine Durststrecke zu überwinden!

Dieser Punkt weist in Ihre Kindheit: **Wie war das eigentlich, als Ihnen vorgelesen wurde?** Verbinden Sie das mit einer bestimmten Person, gab es ein Lieblingsbuch? Oder sind Sie ganz ohne Bücher aufgewachsen und haben sich später durch Berge von Literatur gefressen – voller Bedauern darüber, was Ihnen entgangen ist?

So wars bei mir
Meine Mutter hat jeden Abend meiner Schwester und mir aus „Grimms Märchen" vorgelesen. Wir liebten diese gemütliche Stunde vor dem Einschlafen sehr. Doch irgendwann hatte unsere Vorleserin genug von den ewig gleichen Geschichten und nahm uns eine Kassette mit ihrer Stimme und den Märchen auf. Als ich erwachsen war und begann, ehrenamtlich vorzulesen, wurde mir bald klar, dass ich die Gemütlichkeit wichtig fand – aber auch, dass alle Kinder mit allen Sinnen dabei sind – auch wenn ich mich dafür verausgaben musste. Eine Kassette, selbst mit Mutters Stimme drauf, war nur ein schwacher Abklatsch; und diese Erfahrung trieb mich an, mich voll und ganz einzubringen.

Die Wissenschaft zeigt, wie wichtig Vorlesen für die Sprachentwicklung von Kindern ist und wie positiv es das Beziehungsgefüge beeinflusst – selbst in einem Klassenzimmer! Eltern sollten vorlesen, doch leider tun sie es (noch) zu wenig. Erzieherinnen und Lehrerinnen können diese Lücke nicht immer schließen, besonders wenn es um das Lesen um des reinen Vergnügens willen geht. Deshalb sind zunehmend Ehrenamtliche gefragt, die **besonders authentisch** dabei sind, ihre Begeisterung für das Thema Bücher und Vorlesen weiterzugeben.

Was Sie vorlesen, beeinflusst den Erfolg Ihrer Vorlesestunde - ganz erheblich! Deshalb möchte ich die Auswahl des Buches in diesem Handbuch auch so weit vorne platzieren. Einerseits wollen und sollen Sie den Geschmack Ihrer Zielgruppe treffen, andererseits dürfen Sie aber auch **niemals etwas vorlesen, das Ihnen persönlich nicht gefällt**: die Kinder bemerken das sofort.

Der Leitfaden bei der Wahl des „richtigen" Buches ist also immer Ihr **Geschmack** – und in zweiter Linie der Ihrer Zuhörer! Oder anders formuliert: Je mehr Spaß **Sie** an einem Buch haben, umso mehr überträgt sich das auf Ihre Gruppe!

> **Zum Beispiel Frau B.**
> Seit einigen Monaten hatte Frau B. eine Vorlesegruppe in einem Nachbarschaftstreff übernommen. Obwohl sie sehr erfahren ist und zudem regelmäßig in einer Bücherei vorliest, waren ihre Rückmeldungen bislang sehr entmutigt. Die Kinder waren sehr unruhig, der Raum, in dem vorgelesen wurde, nur durch einen Vorhang vom übrigen Treff abgetrennt, in dem sich die Mütter unterhielten und ein anschließendes Bastelangebot vorbereiteten. „Endlich hab ich's geschafft!" erzählte mir Frau B. bei unserer letzten Begegnung freudestrahlend. „Ich hab die Kinder packen können!" „Und wie?" fragte ich neugierig. „Durch richtig gute Bücher!"

Als nächstes sollten Sie die Buchauswahl vom **Alter der Kinder und der Gruppengröße** abhängig machen. Je größer die Gruppe, umso großflächiger sollten die Illustrationen sein - falls Sie **Bilderbücher** vorlesen möchten. Wimmel-Bilder wie in „Findus und Pettersson" können Sie nicht acht oder gar zwölf Kindern auf einmal zeigen, sondern eher drei bis vier – die alle eng um Sie herum sitzen werden (mehr über die Sitzordnung erfahren Sie in Kapitel 4.7). Je jünger die Kinder sind, umso größer ist der Bildanteil des vorgelesenen

Buches – was nicht heißt, dass nicht auch 10-Jährige Bilderbücher zu schätzen wissen! Aber wenn Sie das Kopfkino bei Ihren Zuhörern in Gang setzen wollen, sollten Sie darauf achten, dass nicht jede vorgelesene Szene illustriert ist bzw. Sie allmählich in Ihren Vorlesestunden zu Büchern mit weniger Bildern übergehen.

Noch ein **Hinweis zum Alter**: Das Alter Ihrer Zuhörer ist nur eine kleine Hilfe bei der richtigen Literaturauswahl. Es kann sein, dass der kleine Dreikäsehoch vor Ihnen dank älterer Geschwister oder eifriger Vorlese-Mama sehr viel Sitzfleisch beim Zuhören mitbringt – oder bei Ihnen gerade seine ersten Erfahrungen mit dem Vorlesen macht. Je besser Sie Ihre Kinder kennen, umso eher wissen Sie, welche Länge Sie ihnen zumuten können.

Orientieren Sie sich in einer Gruppe **immer nach dem schwächsten Glied**! Und versuchen Sie, zusammen mit der Leitung der Bildungseinrichtung, Gruppen zu bilden, die ungefähr gleich lange zuhören können. Was spricht denn dagegen, dass Sie erst ein kurzes, einfaches Buch für die Vorleseanfänger vorlesen und anschließend etwas Längeres und Anspruchsvolleres für die Fortgeschrittenen? Diese Taktik empfehle ich Ihnen auch, wenn **Kinder mit Migrationshintergrund bzw. schlechten Deutschkenntnissen** in Ihrer Gruppe sind. Selbst wenn sie schon in der Schule sein sollten, erreichen Sie solche Kinder am besten mit einfachen Bilderbüchern oder durch Erzählen (siehe 7.1.).

> **Welche Lektüre ist für welches Alter geeignet?**
>
> - **unter 3 Jahren**
>   kurze einfache Bilderbücher:
>   „Die kleine Raupe Nimmersatt",
>   „Der kleine Bär und sein kleines Boot",
>   „Bitte anstellen!"
>
> - **zwischen 3 und 5 Jahren**
>   Bilderbücher mit längeren Texten:
>   „Vater, Mutter, Kind"

„Rabe Socke"
einfache Märchen:
    „Der süße Brei"
    „Sterntaler"
- **zwischen 5 und 8 Jahren**
  Geschichtenzyklus aus einer Welt:
      „Oma, schreit der Frieder"
      „Geschichten vom Franz"
      „Unsere Oma"
      „Die Olchis"
  Bilderbücher mit komplexeren Inhalten:
      „Ophelia und das Schattentheater"
  Klassiker:
      „Die kleine Hexe"
      „Das Sams"
      Grimms Märchen

- **ab 8 Jahren**
  Bücher mit wenig/ohne Illustrationen und
  Bücher in Fortsetzungen:
      „Codewort Risiko" (Reihe im Thienemann-Verlag)
      „Großvater und die Wölfe"
      „Der Werwolf"

(Siehe auch 9.1. Vorlesebücher. Welche Altersgruppen Sie beim Vorlesen gut zusammenfassen können, finden Sie unter 4.2. Rahmenbedingungen.)

Ab acht Jahren wird auch das **Genre** wichtiger. Krimi, Abenteuer, Grusel, Tiere, Liebe, Freundschaft... Der Büchermarkt versucht allerdings, die Kinder auch geschlechtsspezifisch früh auf ein Genre festzulegen – zum Beispiel mit Dinosaurier- und Ritterbücher für Jungs. Prinzipiell ist **Vielfalt** ein gutes Qualitätsmerkmal bei einem Vorleseangebot. Deshalb sollten Sie sich für längere Zeit nur dann auf ein Genre festlegen, wenn Sie sicher sind, dass wirklich jedes Kind in Ihrer Gruppe darauf brennt! Und: Richtig gute Bücher haben meist mehr als ein Thema in petto. Bedenken Sie auch, dass selbst manch 8-Jähriger noch nicht so viel **Spannung** aushält. Angesichts des Fernsehangebots für Kinder mag Sie das vielleicht überraschen. Aber zum einen gibt es natürlich auch Eltern, die ihre Kinder sehr medienbewusst/-abstinent erziehen, zum anderen ist so ein Kopfkino auch für Kinder reichhaltiger als die Mattscheibe!

Ein tolles Genre sind auch **Wimmelbilderbücher**. Ursprünglich durch Ali Mitgutsch in den 70er Jahren stark verbreitet, fanden sie durch Rotraud Susanne Berner eine wunderbare Aufwertung. Wimmelbilderbücher sind perfekt für die Vorleseanfänger ab einem Jahr. Auf großformatigen Doppelseiten wird das pralle Leben abgebildet – und da oft kleine fortlaufende Geschichten versteckt sind, schauen auch die Größeren noch begeistert rein. Vorlesen im eigentlichen Sinn ist jedoch nicht vorgesehen. Wimmelbilderbücher haben keinen Text und laden deshalb zum Erzählen ein. Deshalb sollte die Gruppe auch nicht größer als zwei bis drei Kinder sein, damit alle gut schauen können und die Gelegenheit haben, zu Wort zu kommen. Wimmelbücher sind Sprachförderung pur!

Vorsicht auch bei den **Altersangaben**, die Verlage oder Büchereien gerne machen. Danach allein sollten Sie sich nicht orientieren! „Die Steinsuppe" ist offiziell ab vier Jahren empfohlen, doch auch 3-Jährige hatten in meiner Gruppe großes Vergnügen an dem Tiermärchen. „Der Grüffelo" hingegen kommt mit seiner dicken Pappbilder-Aufmachung wie ideal für die Kleinsten daher, ist aber von der Geschichte her (die bedrohte Maus erfindet ein Fantasiewesen, das dann plötzlich in Wirklichkeit vor ihr steht) manchmal zu komplex für 3- bis 4-Jährige.

Kindern die Wahl lassen?

Manche Vorleser bereiten sich so gut vor, dass sie mehrere Bücher in petto haben und mitbringen. Dass dann die Kindergruppe demokratisch abstimmt, welches davon sie gerne hören möchten, kann funktionieren. Manche Kinder kommen aber schlecht damit zurecht, wenn sie „verlieren" und schmollen (und stören unter Umständen). Dass die Kinder Ihnen ein Buch geben (von zu Hause oder auch der Bildungseinrichtung), dass Sie dann quasi „prima vista" vorlesen sollen, geht gar nicht: Sie müssen das Buch kennen und mögen!

- Gute Vorlesebücher sind überwiegend **lustig oder spannend**. Die Unterhaltung, der Spaß sollte im Vordergrund stehen, nicht die Vermittlung von Wissen oder Moral.

- Gute Vorlesebücher haben **viel Dialog** und eher wenig Beschreibendes.

- Gute Vorlesebücher bieten **starke, freche, ungewöhnliche Identifikationsfiguren**.

2 | Buchauswahl | 2.3. In Fortsetzung vorlesen?

Prinzipiell lautet die Antwort: Ja!
Viele Vorleserinnen berichten von positiven Erfahrungen, wenn sie ihren festen Kindergruppen Woche für Woche ein neues Kapitel aus „Der Rostige Robert" oder den Preußler-Klassikern vorlesen. Die Kinder finden schnell den Faden wieder – besonders, wenn man zu Beginn der Vorlesestunde noch mal rekapituliert, was denn das letzte Mal passiert ist. Diese Aufgabe sollten Sie vorzugsweise den Kindern überlassen, denn das ist Sprachförderung pur und zeigt Ihnen auch, was hängen geblieben ist. Selbst bei zweiwöchentlichem Abstand habe ich schon von Erfolgen gehört. Beherzigen Sie aber folgende Ratschläge:

Nicht beim ersten Mal
Bei Ihrer ersten Vorlesestunde in einer neuen Gruppe sollten Sie sich an die Vorleseerfahrungen und den Geschmack Ihrer Kinder rantasten. Oft wissen Sie erst einmal nicht, ob Sie ausdauernde, neugierige Kinder vor sich haben oder solche, für die schon 10 Minuten ruhig zuhören eine echte Herausforde-

rung ist. Kurze, abgeschlossene Geschichten bzw. Bilderbücher sind für die erste Vorlesestunde absolut empfehlenswert!

Beherzigen Sie Spannungsbögen

Besonders bieten sich Bücher an, die kapitelweise in sich abgeschlossen sind, aber auch im Verlauf eine Entwicklung haben - eine Art episodischer Geschichtenzyklus aus einer Welt. Beispiele sind die „Geschichten aus Bullerbü", der „Rostige Robert" oder „Unsere Oma". Viele gute spannende Bücher haben diese Charakteristika aber nicht. Das heißt für Sie: mehr Zeit in die Vorbereitung investieren, wirklich das ganze Buch vorher lesen und nach guten Zwischenschnitten suchen. Notfalls kürzen oder erzählen Sie! Eine Einheit sollte nie mehr als eine halbe Stunde betragen. Sollte ein Kapitel entgegen Ihrer Einschätzung zu früh fertig vorgelesen sein, füllen Sie die Zeit mit Gesprächen (siehe 4.8. Kommunikation), einem Quiz oder Malen – auch wenn die Kinder noch so sehr bitten!

Stimmen durchgängig

Wenn Sie einer Figur eine besondere Stimme verleihen, zum Beispiel dem Sams eine quietschfreche oder dem Großvater eine tiefe Stimme, müssen Sie das durchhalten – bis zum Ende der Vorleseeinheit (und vielleicht sogar sieben Bände lang!). Auch wenn in einer Szene drei Figuren mit einer eigenen Stimme sprechen, kann es ganz schön anstrengend für Sie werden. Überlegen Sie also gut, was Sie Ihren Stimmbändern zumuten! Manchmal reicht auch schon ein spitzbübischer Gesichtsausdruck oder ein langsameres Tempo, um der Figur eine charakteristische Färbung zu verpassen.

Nicht abwechseln

Vorleser, die sich bei einer Kindergruppe von Woche zu Woche abwechseln, lesen einfach an der Stelle weiter, wo der andere zuvor aufgehört hat – das kann ganz schön schief gehen! Ist das wirklich ein Buch, das alle beteiligten Vorleser gleich gerne mögen und gleich intensiv vorbereitet haben? Für mich klingt dieses Verfahren nach „möglichst wenig vorbereiten" wollen und oft gibt es einen dominanten Vorleser, der den anderen seinen Stoff aufs Auge drücken will. Nein! Die Kinder merken es, wenn Ihnen ein Buch nicht gefällt – und spiegeln Ihnen das zurück. Wetten?

Kinderinteressen

Dass Sie mit einem Buch wirklich alle Ihre Zuhörer über Wochen zu 100 Prozent begeistern, ist ziemlich unwahrscheinlich. Manche mögen keine Rittergeschichten, andere lieben Spannung und wieder andere Lustiges. Deshalb sind Klassiker erste Wahl, wenn Sie in Fortsetzungen lesen wollen: sie sind einfach Alleskönner. Aber selbst dann würde ich Ihnen raten, nach dem ersten Preußler-Buch nicht stur alle weiteren Preußler-Bücher als Lektüre herzunehmen. Ihr Job als Vorleserin ist es auch, Kindern die Vielfalt der Bücherwelt zu zeigen und auch Zugeständnisse an deren Interessen zu machen – solange Sie sich dabei nicht verbiegen müssen, versteht sich!

2 | Buchauswahl | 2.4. Märchen vorlesen?

Früher oder später kommt man als Vorleser nicht um das Thema Märchen herum. Die einen schwören darauf, die anderen halten gar nichts davon. Dieses Kapitel ist deshalb denen gewidmet, die noch unschlüssig sind. „Ich würde ja liebend gerne Märchen vorlesen – aber mögen das die Kinder heute überhaupt noch?"

Ja, die Mehrheit lässt sich gerne mit „Es war einmal" in ganz besondere Welten entführen. **Märchen sind einzigartige Texte**, ihre Sprache zeugt von vergangenen Zeiten, ihr Inhalt berührt manchen Interpreten zufolge die Psyche tiefgehend und selbst oberflächlich betrachtet, fasziniert das Märchen-Personal. Was für Bilder im Kopf allein das Wort „Hexe" entstehen lässt!

Folgendes sollten Sie in heutigen Zeiten beim Thema Märchen beherzigen:

Alter?

Es gab einmal die Empfehlung, dass Märchen besonders für Schulkinder geeignet seien (das sog. „magische" Alter). Ich habe die Erfahrung gemacht, dass auch im Kindergarten Märchen schon sehr verbreitet sind – sei es durch Eltern, Medien oder Erzieherinnen. Die Märchen von Hans Christian Andersen sind allerdings frühestens ab der 3./4. Klasse geeignet, da sie häufig kein gutes Ende finden.

Grausam?

Eng mit der Frage nach dem „richtigen" Alter verknüpft ist die Diskussion um die Grausamkeit von Märchen. Darf man sie noch so blank vortragen, ohne sie in ihren Kontext einzuordnen? Andererseits: Wie viel Mord und Totschlag haben Kinder schon im Fernsehen gesehen oder gar im Computerspiel selbst „begangen"? Grausame Szenen im Märchen werden von den Kindern eigentlich immer als „gerecht" wahrgenommen. Es gibt also keine Grausamkeit um der bloßen Action willen, sondern als narratives Element!

Erzählen? Bilder?

Märchen wurden eigentlich mündlich überliefert und eignen sich ganz hervorragend, um frei zu erzählen. Vielleicht sind sie der Einstieg für Sie als Erzählerin? (Siehe 7.1. Erzählen). Die Puristen unter den Märchenerzählern würden natürlich nie ein Märchen vorlesen, und sie würden auch keine Bilder dazu zeigen. Die besondere bildhafte Sprache, so ihr Argument, reizt die Fantasie wunderbar. Illustrationen schränken das Kopfkino dagegen sehr ein. Auf dem Buchmarkt gibt es inzwischen sogar Minibilderbücher zu jedem Märchen, die nahezu jede Szene bebildern – das ist sicher der extreme Gegenpol zu den Märchenpuristen. Wenn Sie dennoch Bilder zeigen wollen, empfehle ich Ihnen, zuerst nur den Text zu lesen und dann eine Ausgabe zu zeigen, deren Illustrationen Sie als sehr ansprechend oder auch ungewöhnlich empfinden. Da es von den meisten Märchen viele verschiedene Ausgaben gibt, sollte dies kein Problem sein.

Version?

Die Grimmschen Märchen sind ein Paradebeispiel dafür, wie stark ein solches Kulturgut immer wieder bearbeitet wird. Von „Rotkäppchen" zum Beispiel ist in vielen Sammlungen nur das Ende enthalten, in dem der Jäger dem Wolf Wackersteine in den Bauch füllt. Die Gebrüder Grimm führen in ihrem Haus- und Märchenbuch allerdings auch noch in einem Nachsatz an, wie ein anderer Wolf einmal beim Versuch, Rotkäppchen und die Großmutter zu fressen, in einem Trog mit Würsten ertrank… Neben solchen Kürzungen findet sich in manchen

Sammlungen auch eine stark geglättete oder vereinfachte Sprache. Lassen Sie Ihren Geschmack entscheiden! Denn Ihr Nicht-Gefallen schwingt immer unbewusst in Ihrem Ton, in Ihrer Stimme mit.

Medien?

Die starke Resonanz der Märchen spiegelt sich auch in zahlreichen Hörbüchern und Filmen wieder. Sie müssen also damit rechnen, dass nicht wenige Kinder die bekannteren Märchen schon kennen, als Disney-Film auch stark verfremdet und veralbert. Das muss kein Grund sein, Ihre Zuhörer nicht dennoch mit Ihrer Lesung zu beglücken. Aber es gibt natürlich auch Märchen, die nicht so bekannt sind (auch unter den Grimmschen) und ein Publikum verdienen.

Gute Märchenbücher?

Die beiden Märchensammlungen von Wilhelm Matthießen, „Die alte Schule" und „Das grüne Haus", sind sehr schöne, kleine Märchen aus einer heilen Welt, die bestens für Kindergartenkinder geeignet sind.

2 | Buchauswahl | 2.5. Buchtipps: Top Ten und geeignete Quellen

Gute Bücher finden ist für einen Vorleser, der gerade seine ersten Erfahrungen sammelt, meistens das schwerste. Trösten Sie sich! Mit der Zeit wächst Ihr Repertoire und Sie erkennen oft schon am Titelbild, ob das Buch etwas für Sie sein könnte. Manch einer wird zum Experten in einem Genre (zum Beispiel Kinder-Krimis oder Märchen), entwickelt eine Vorliebe für bestimmte Autoren oder Verlage – oder lässt sich von Experten beraten.

Geeignete Quellen

Wenn Sie eine individuelle Beratung brauchen (zum Beispiel Weihnachtsbücher für Kinder mit türkischen Wurzeln), sollten Sie einen guten Draht zu Ihrer Gemeinde- oder Stadtbücherei aufbauen – und zwar zu der Bibliothekarin, die für die Kinderbücher zuständig ist. Sie kennt sich mit Dauerbrennern genauso gut aus wie mit Neuerscheinungen. Zweite Wahl ist die Buchhandlung vor Ort. Allerdings müssen Sie bedenken, dass der Kauf von Kinderbüchern meist durch Erwachsene getätigt wird – Bestseller heißt nicht unbedingt, dass die Kinder das Buch wollten! In der Buchhandlung bekommen Sie auch den „Kilifü", den jährlich erscheinenden Almanach der Kinderliteratur, der auch ein Extra-Kapitel mit neuen Vorlesebüchern enthält.

Im **Internet** möchte ich Ihnen einige gute Fundquellen ans Herz legen:

www.netzwerkvorlesen.de
Die Stiftung Lesen hat viele Publikationen und aktuelle Buchtipps mit dem Fokus Vorlesen parat. Es gibt außerdem einen eigenen Vorleseclub für Ehrenamtliche.

www.kinderbuch-couch.de
Eltern und Pädagogen machen Buchvorschläge – zwar eher für Eltern gedacht, jedoch durch die übersichtliche Themengliederung und Besprechungen bekommt man ein gutes Gefühl, ob das Buch auch zum Vorlesen in größeren Gruppen geeignet wäre.

www.ravensbuch.de
Die Buchhandlung RavensBuch bietet auf ihrer Internetseite einen Newsletter speziell für Kinder- und Jugendbücher an. Er erscheint einmal im Monat und enthält immer einen speziellen Buchtipp für ehrenamtliche VorleserInnen.

www.boysandbooks.de
Die Seite gibt Buchempfehlungen für männliche Leser zwischen 6 und 18 Jahren. Dahinter steckt ein Projekt zur gezielten Leseförderung von Jungen.

Meine ganz persönlichen **Top Ten der Vorlesebücher** möchte ich Ihnen natürlich nicht vorenthalten:

Christine Nöstlinger: "Das große Nöstlinger Lesebuch"
Viele Geschichten mit durchschnittlich 5 bis 30 Seiten, eine optimale Länge für eine Vorlesestunde von ca. 10-20 Minuten. Die Zielgruppe sind Grundschulkinder, aber auch fitte Vorschulkinder können mit den witzig-frechen, ungewöhnlichen Erzählungen etwas anfangen. Meine Lieblingsgeschichten darin: die Geschwister-Streit-Geschichte „Florenz Tschinglbell" (mit einem etwas gruseligen Ende), „Streng - strenger - am strengsten" über Stricken und

Schummeln in der Schule sowie „Der schwarze Mann und der große Hund" über sinnlose Drohungen von Eltern.

Anais Vaugelade: „Steinsuppe"

Ein Bilderbuch, das auf einer alten Fabel beruht und virtuos mit dem Ruf vom „Bösen Wolf" spielt. Ein alter Wolf klopft eines Winterabends ans Haus der Henne und möchte bei ihr eine Steinsuppe kochen, den Stein bringt er mit. Nach und nach trauen sich immer mehr Tiere herbei und haben gute Ideen, womit man die Steinsuppe noch verfeinern könnte. Alles sieht so gemütlich aus, doch dann zieht der Wolf ein Messer aus dem Sack… Wie ein spannendes Theaterstück, mit eindrücklichen Bildern und vielen Dialogen. Eignet sich gut zum Nachspielen und selber Suppe kochen! Ab drei Jahren.

Asa Lind: „Alles von Zackarina und dem Sandwolf"

Der Sammelband vereint drei Bände mit je 15 Geschichten, die jede in sich abgeschlossen ist. Alle kreisen um Zackarina, die am Strand wohnt und ein seltsames Wesen zum Freund hat: den Sandwolf, der immer eine Antwort oder eine Lösung parat hat, so dass Zackarinas Alltagsprobleme meistens eine ziemlich lustige oder fantastische Auflösung finden. Philosophisch, aber nicht abgehoben. Zwei bis drei Geschichten füllen locker eine Vorlesestunde. Ab Vorschulalter/1. Klasse.

Loek Koopmans: „Ein Märchen im Schnee"

Dieses Bilderbuch kommt mit ganz wenig Text aus und spielt im Winter, wie der Titel schon nahe legt, und die wunderbare Begebenheit darin hat auch weihnachtlichen Charme: Ein Mann verliert seinen Handschuh im Wald, und immer größere Tiere finden darin ein Obdach. Bis schließlich sogar der Bär Einlass begehrt… Die Geschichte eignet sich wunderbar zum ausführlichen Bilder-Anschauen und Nachspielen! Ab zwei Jahren bis in die 1./2. Klasse.

Per Olov Enquist: „Großvater und die Wölfe"

Enquist schreibt eigentlich für Erwachsene und hat mit diesem Buch einen tollen Klassiker für Kinder ab der dritten Klasse geschaffen, die nach Fortsetzungen und Serienfutter gieren. Ein ebenso schrulliger wie liebenswerter Großvater geht mit seinen vier Enkeln in die Berge, und es wird nicht nur spannend, sondern auch richtig lustig. Mit Kürzungen lässt sich das 120 Seiten lange Buch in drei Vorleseeinheiten gliedern. Wer nach der letzten Seite in glänzende Kinderaugen sieht, kann sich freuen: Es gibt auch eine Fortsetzung mit dem Titel „Großvater und die Schmuggler". Ab acht Jahren, eventuell auch darunter.

Axel Scheffler: „Der Grüffelo"
Witzig-freches Bilderbuch in Reimform über eine Maus, die ihren Fressfeinden mit einem Fantasieungeheuer ein Schnippchen schlägt – und selbst dann nicht die Fassung verliert, als dieses tatsächlich vor ihr steht. Diese zum Klassiker avancierte Kinderbuch komm einfach und naiv daher, erfordert von den Kindern aber schon etwas mehr Hirnschmalz. Ab vier bis fünf Jahren. Vom gleichen Autor, aber auch für Jüngere sehr geeignet ist „Für Hund und Katz ist auch noch Platz".

Brigitte Werner: „Kotzmotz der Zauberer"
In vier Episoden wird hier von der unglaublichen Freundschaft zwischen dem sehr cholerischen Zauberer Kotzmotz und dem unbekümmerten kleinen Hasen erzählt. Kinder lieben die originellen Ausdrücke, mit denen Kotzmotz um sich wirft! Und wunderbarerweise gibt es auch ganz poetisch-weiche Wörter, mit denen der Hase den Zauberer als Freund gewinnt. Auch der Verlauf der Geschichte ist ein bisschen anders, wie der erfahrene Vorleser erwartet! Ab sechs Jahren.

Ulf Nilsson: „Die besten Beerdigungen der Welt"
Unglaublich, wie einfach man über das Thema Tod reden kann: Drei Kinder finden ein totes Tier und beschließen, eine Beerdigungsfirma zu gründen. Das spielen sie dann den lieben langen Tag, gestalten die Gräber, machen Trauergedichte und erleben schließlich sogar, wie eine Amsel vor ihren Augen stirbt. Die bekommt natürlich die schönste Beerdigung von allen. Und am nächsten Tag – da spielen sie etwas ganz anderes. Da alle Kinder schon mal ein totes Tier gesehen haben, kann man über dieses Bilderbuch wunderbar ins Gespräch miteinander kommen, ohne gleich den Tod von Menschen ansprechen zu müssen. Aber es bietet sich natürlich an. Deshalb sollten Sie Ihre Gruppe schon ein bisschen kennen, bevor Sie dieses Buch vorlesen. Da die „Ich"-Perspektive für manche Kinder ein bisschen schwierig ist, empfehle ich dieses

Buch ab dem Vorschulalter.

Kirsten Boie: Vater, Mutter, Kind

Zugegeben, das Bilderbuch stammt aus den 80er Jahren, und das merkt man den Illustrationen an! Dennoch konnte ich mit dieser Geschichte selbst 10-Jährige noch packen, denn es thematisiert auf lustige, gute Weise Geschlechterklischees und Berufswahl. Lene ist ein rotzfreches Kindergarten-Girl und will später mal Cowboy werden. Der brave Daniel ist so gar nicht ihr Fall, doch als er einmal zu Besuch bei ihr zu Hause ist, stellt sich heraus, dass man richtig gut mit ihm spielen kann und er mit Lenes Berufswunsch gar kein Problem hat: er möchte nämlich am liebsten Krankenbruder werden – oder daheim die Kinder versorgen... Perfekt für Kindergartenkinder.

Michael Ende: „Ophelias Schattentheater"

Die Illustrationen von Friedrich Hechelmann lassen das Bilderbuch zunächst etwas düster wirken, doch Endes Sprache ist so poetisch und schön, dass alle Grundschulkinder gebannt sein werden von der Geschichte um die Souffleuse Ophelia und die seltsamen Schatten, die in ihrer Handtasche Asyl finden. Da auch das Thema Tod (sehr gut) angesprochen wird, sollten Sie Ihre Gruppe schon etwas kennen, bevor Sie das Buch vorlesen. Ab frühestens sechs Jahren.

2 | Buchauswahl | 2.7. Fazit

Es ist nicht immer einfach, ein Buch zu finden, das sich zum Vorlesen eignet, einem selbst gefällt und zu den Kindern bzw. der Gruppe passt. Neueinsteigern empfehle ich, mit meiner „Top Ten" einmal anzufangen und das Gespräch mit der Bibliothekarin in der hiesigen Stadt- oder Gemeindebücherei zu suchen. Kurze, witzige, in sich abgeschlossene Geschichten sind genau das Richtige für Ihre ersten Vorlesestunden. Je mehr Sie vorlesen, umso besser werden Sie erkennen, ob ein Buch für Sie zum Vorlesen geeignet ist oder nicht!

An dieser Stelle möchte ich Ihnen gerne in aller Kürze das mitgeben, was einen guten Vorleser in technischer Hinsicht ausmacht:

Pause

Wussten Sie: Drei Sekunden Pause hält man als Sprecher aus, sieben Sekunden das Publikum! Die Pause ist wichtig, um „mitzukommen", Fragen stellen zu können, für die Entstehung von Bildern im Kopf. Gute Stellen für Pausen sind: Satzende, Absatzende, vor der Lösung, dem spannenden Moment. Auch kennt die Pause ein Satzzeichen: … Manchmal ist es auch der Bindestrich. Aber Vorsicht: Machen Sie nicht stereotyp bei jedem Punkt oder Absatz eine Pause – es muss auch für Sie passen! Wenn Sie sich mit Pausen schwer tun, markieren Sie in der Textvorbereitung Pausen mit einem Bleistift.

Blickkontakt

Der Blick ins Publikum schafft Verbindung und ist für Sie die Versicherung: Kommt mein Gesprochenes überhaupt an? Wenn Sie eine Pause machen, bietet sich diese für Blickkontakt geradezu an! Um den Anschluss im Buch nicht zu verlieren, legen Sie einfach den Finger an die entsprechende Stelle.

Körpereinsatz

Es reicht völlig, wenn Sie Freiheit für Ihren Bauch schaffen und Ihre Beine erden. Sie können Mimik oder Gestik einsetzen, aber lieber sparsam. Sie sind doch kein Schauspieler, oder? Falls doch, legen Sie das Buch lieber gleich weg und erzählen Sie frei!

Textkenntnis

Wer den Text kennt, verschafft sich Luft, weiß, was ihn erwartet. Als Anfänger gilt: Sie sollten die komplette Geschichte zumindest vor sich hingemurmelt haben! Auch Fortgeschrittene sollten den Text kennen oder zumindest mit dem Autor schon viel Erfahrung haben. Für Notfälle gilt: wenigstens den Schluss anschauen! Wichtig und meist hilfreich sind die Regieanweisungen des Autors

(„sagte er streng"). Hilfreich kann auch sein, mit bunten Klebemarkern den Anfang der Geschichte (falls sie sich in einem Sammelband befindet) oder die Bilder, die man vorzeigen will, zu markieren.

Textlänge und Vorlesezeit

Viele Anfänger neigen dazu, viel zu lange Texte auszuwählen. Als Faustregel gilt: max. 20 Minuten, selbst bei Viertklässlern. Wenn Sie die Kinder kennen und Ihr Publikum sehr konzentriert dabei ist, sind auch 45 Minuten möglich, aber das ist die absolute Ausnahme! Sie brauchen ja auch Zeit für das Drumrum: Begrüßung, Kommunikation, evtl. Gestaltung. Auch Textkürzungen tun der Vorlesestunde meistens gut. Und woher wissen Sie, **wie lange Sie für einen Text brauchen?** Lesen Sie sich eine Seite vor und stoppen Sie die Zeit. Dann auf die Gesamtseitenzahl hochrechnen – Bilder können Sie davon abziehen, obwohl das Anschauen von Bildern natürlich auch seine Zeit braucht. Die ist immer schwer abzuschätzen und hängt auch davon ab, wie groß Ihre Gruppe ist und wie viel Kommunikation beim Schauen entsteht. Bei Bilderbüchern schlage ich Ihnen als Faustformel vor: So lange wie Sie vorlesen, so lange sollten Sie den Kindern auch Zeit geben, die Bilder anzuschauen.

3 | Technik | 3.2. Nachhaltig und lange vorlesen (Atem)

Wer in seinem Atemrhythmus ist, schafft Präsenz, strahlt Ruhe und Gelassenheit aus. Der Atem verbindet uns zudem mit der Welt, und für eine Vorlesestunde, auch wenn sie nur zehn Minuten dauert, brauchen Sie einen langen Atem! Haben Sie den?

Übung: Wie ist mein Atem?

Spüren Sie kurz Ihrem Atem nach, so wie Sie jetzt über diesem Buch sitzen und es lesen. Lesen Sie sich dann selbst einen beliebigen Text vor, mit mindestens zehn Minuten Dauer. Lesen Sie in Ihrem normalen Tempo.

Wie fühlt sich Ihr Atem nach dem Vorlesen an? Oder haben Sie schon während des Vorlesens etwas gespürt? Wenn Sie das Gefühl haben, dass der Atem zu kurz, zu stockend ist, dass Sie keine Zeit zum Pause machen finden, sollten Sie dieses Kapitel auf jeden Fall zu Ende lesen und die hier gleich aufgeführten Übungen beherzigen.

Wenn es Ihnen atemtechnisch zwar gut geht, Sie aber das Gefühl haben, nicht viel länger hätten vorlesen zu können, ohne außer Puste zukommen oder Ihre Stimme zu sehr zu belasten, sollten Sie ebenfalls weiterlesen!

Sprache braucht den Ausatem. Hier folgen **Übungen, um den Atem zu verlängern** (stärkt gleichzeitig Ihre Stimme):

Gehen
Zählen Sie beim (Spazieren-) Gehen immer wieder einmal Ihre Schritte: Ihr Ausatem sollte doppelt so viele Schritte brauchen wie Ihr Einatem. Wenn Sie sehr kurzatmig sind, fangen Sie bitte behutsam an!

Wechselatmung
Im Yoga kennt man diese Atemtechnik, um Konzentration, Gedächtnis und Intuition zu fördern. Halten Sie Ihre rechte Hand locker über die Nase. Schließen  Sie das rechte Nasenloch mit dem rechten Daumen, atmen Sie durch das linke Nasenloch ein. Nun mit dem rechten Zeigefinger das linke Nasenloch verschließen, Daumen leicht lösen und durch das rechte Nasenloch ausatmen. Mit dem Finger so bleiben und durch das rechte Nasenloch wieder einatmen, auf das rechte Nasenloch wieder wechseln und von vorne. Dass das eine oder andere Nasenloch verstopft ist, ist normal, diese Atmung reinigt die Schleimhäute. Deshalb Taschentuch bereithalten! Mit wenigen Atemzügen beginnen und täglich steigern bis auf ca. fünf Minuten.

Yoga-Übung

Stellen Sie sich aufrecht hin und breiten Sie die Arme aus. Führen Sie einatmend die Hände vor die Brust. Formen Sie  Daumen und Zeigefinger beider Hände zu einem O und verschränken Sie sie so, dass das linke O vor dem rechten O steht. Die restlichen Finger wie beim Gebet nach oben spreizen. Ausatmend die Hände in dieser Haltung über den Kopf führen. Einatmen. Ausatmend die Handhaltung beibehalten und mit dem O die Stirn und die Brust berühren, die Hände lösen und weiter lange ausatmen und über Bauch und Hüfte streichen.

Pausen

Diese Übung fördert die Wahrnehmung natürlicher Atempausen. Legen Sie beide Hände auf den Oberschenkel. Lassen Sie den Atem ganz natürlich kommen und gehen. Schließen Sie beim Einatmen beide Hände zu einer lockeren Faust. Öffnen Sie beim Ausatmen die Hände und spreizen die Finger. Nun kommt eine mehr oder weniger kurze Atempause, in der Sie die Finger locker lassen und mit der Hand eine Schale formen. Beim nächsten Einatmen die Hände wieder zu einer Faust ballen.

3 | Technik | 3.3. Klar und verständlich vorlesen (Sprache & Stimme)

Kinder kennen noch nicht alle Worte. Kinder, die zweisprachig aufwachsen, erst recht nicht. Deshalb ist es wichtig, dass Sie klar und verständlich vorlesen.

Übung: Artikulation verbessern

Lesen Sie einmal den ersten Satz aus einem Kinderbuch Ihrer Wahl vor. Nun nehmen Sie einen Korken in den Mund, halten ihn mit den Zähnen fest und versuchen, den gleichen Satz so verständlich wie nur möglich nochmals zu lesen. Und jetzt noch mal den Satz ohne Korken. Wunderbar, um Ihre Gesichtsmuskulatur zu trainieren. (Ist der Korken zu groß, können Sie ihn sich auch etwas kleiner schnitzen.)

Dialekte

Wenn Sie Dialekt sprechen, versuchen Sie dennoch sauberes Hochdeutsch vorzulesen. Ich habe Kinder schon rätseln sehen beim Wort „Postkutsche", das der Vorleser schwäbisch „Poschtkutsche" aussprach. Insbesondere zweisprachige Kinder tun sich manchmal schwer, den Dialekt auf Hochdeutsch zu übersetzen. Andererseits: Wenn Sie in einer Kindergruppe, die Sie gut kennen, einen Dialekt gezielt einsetzen wollen, um eine bestimmte Person zu markieren: nur zu! Das kann ein herrlicher Spaß sein, wenn der Räuber Hotzenplotz breites Bayrisch redet! Behalten Sie aber die Verständlichkeit im Ohr!

Verschiedene Stimmen

Jeder Figur in Ihrem Text eine eigene (höhere oder tiefere) Stimme zu geben, kann Ihre Geschichte überaus lebendig machen – aber auch Ihre Stimmbänder sehr strapazieren. Auch über das Tempo oder über Stimmungen können Sie eine lebendige Wirkung erzielen. Setzen Sie verschiedene Stimmen dann ein, wenn Sie dies wirklich gut können und sich die einzelnen Stimmen gut unterscheiden lassen – klassischerweise in Dialogsituationen. Dann können Sie auch Regieanweisungen wie „sagte er" oder „antwortete Findus" weglassen. Die Erzählerstimme sollte möglichst nahe an Ihrer eigenen Stimme und eher neutral sein. Siehe auch 2.3. In Fortsetzung vorlesen? Und 3.4. Gut und lebendig vorlesen.

Tempo

Ganz klar: wer sehr schnell vorliest, tut dies oft auf Kosten der Verständlichkeit, verschluckt Endungen und stresst den Zuhörer auf Dauer. Aber auch ein langsames Tempo ist nicht per se gut: Es kann furchtbar langweilen und eine spannende Geschichte richtig kaputt machen. Deshalb: Variieren Sie das Tempo je nach Situation oder Geschichte! An welches Tempo denken Sie bei einem Märchen, einer Alltagsgeschichte, einer lustigen Fantasiegeschichte oder einem rasanten Krimi?

Betonung

Das wissen Sie sicherlich noch aus der Schule: betont wird das Wichtige/Neue im Text. Und unbewusst machen wir es alle richtig, dass wir mit den Klein-kindern sehr betont sprechen und lesen. Achten Sie aber darauf, Betonung sparsamer einsetzen, je älter die Kinder sind. Diese fühlen sich sonst nicht ernst genommen. Starke Adjektive sollten Sie außerdem nicht überbetonen („grässliche Warze", „riesengroßes Schiff"), sie wirken aus sich heraus!

Stimme pflegen

Manche können nicht so lange vorlesen, da ihre Stimme schnell brüchig wird, andere haben nach der Vorlesestunde kaputte Stimmbänder… Das sollte nicht sein, deshalb hier in aller Kürze meine Vorschläge für eine starke Stimme:

- **Apfel** essen, das „schmiert" die Stimmbänder am besten – auch Chorsängerinnen machen das gerne!
- Vorher/Nebenher nur **Wasser ohne Kohlensäure** trinken, das belegt die Stimme am wenigsten.
- Nicht räuspern, sondern **schlucken**! Damit schonen Sie die Stimm-bänder.
- Bei **trockenem Mund** (sanft) auf der Zunge kauen. Schon wenige Sekunden reichen, um den Speichelfluss in Gang zu bringen.
- Durch die **Nase atmen** (das verlangsamt auch Ihr Tempo und schafft Pausen, für die auch Ihre Stimme dankbar ist).
- Stimme **nicht verstellen**, wenn man zu Stimmproblemen neigt.
- Für genug **Sauerstoff** im Vorleseraum sorgen, d.h. früher kommen, um Zeit zum Lüften zu haben.
- Bei Heiserkeit helfen **Bonbons mit Süßholzwurzel** (wenn ich Wer-bung machen darf: zum Beispiel Mixtura Solvens Liechtenstein).
- **Aufwärm-Übungen** machen (siehe 4.6. Aufwärmen).

Stimmvolumen

Es gibt vielleicht Stimmtherapeuten, die aus einer leisen, hohen Stimme eine starke machen können. Ich denke nicht, dass Sie wegen eines Vorlese-Enga-gements diesen wohl eher mühsamen Weg gehen sollten. Eine leise Stimme muss nicht per se ungeeignet für Vorleseaktionen sein! Vielleicht fangen Sie mit einer kleinen Zuhörergruppe an oder bitten das Fachpersonal, Sie anfangs zu begleiten, damit das „Zur-Ruhe-Bringen" Ihre Stimme nicht gleich erschöpft. Kennen die Kinder Sie schon und die Regeln, werden Sie auch nicht mehr ständig mahnen und durchgreifen müssen. **Beim Vorlesen ist eine leise Stimme sogar manchmal von Vorteil**, weil die Kinder sich dann stärker auf das Verständnis konzentrieren müssen. Wenn Sie Ihr Volumen dennoch verbessern möchten, achten Sie auf **Ihre Haltung, Ihre Artikulation und den Raum**: Versuchen Sie, sehr präsent im Raum zu sitzen, sehr aufrecht, sehr frei im Bauch, ohne sich an den Stuhl anzulehnen. Machen Sie die Artikulationsübung mit dem Korken, damit Ihre Stimme gut zu verstehen ist. Und: Suchen Sie nach einem Raum, der eine gute Akustik hat!

3 | Technik | 3.4. Gut und lebendig vorlesen (Gefühl und Körper)

Das ist das allerwichtigste: Dass Sie Ihren Text lebendig werden lassen – nur dann wird das Vorlesen wirklich gut. Doch wie wird der Text möglichst lebendig? Indem Sie mit Ihrer Stimme die Gefühle, Stimmungen, Situationen transportierten. Dabei sollten auch Ihr Herz und Ihr Körper ganz mit dabei sein. Wenn der Text lebendig wird, bringen Sie automatisch Ihre **Persönlichkeit** mit ein. Das heißt auch: Sie müssen sich nicht verbiegen.

> **Zum Beispiel das wütende Rumpelstilzchen**
> Stellen Sie sich vor, Sie seien eher der schüchterne, zurückhaltende Typ und wollen nun das Märchen vom Rumpelstilzchen vorlesen. Bei der Szene, in der das Rumpelstilzchen zu schreien beginnt, weil die Müllerstochter seinen Namen erraten hat, wirkt Ihre Interpretation für die Zuschauer vielleicht nicht laut, böse, aggressiv, sondern boshaft-giftig – aber die Wut wird man Ihnen trotzdem abnehmen, wenn Sie dieses Gefühl zumindest nachempfinden können. Wenn Sie in Gedanken jedoch schon bei der Heimfahrt sind, wird dieses Rumpelstilzchen wohl sehr seltsam und unlebendig wirken.

Also: Nehmen Sie Anteil am Schicksal der Figuren. **Denken Sie, was Sie lesen.** Nicht umsonst spricht man vom „Kopfkino", das beim Vorlesen in den Kindern geweckt wird. Wie soll das funktionieren, wenn Sie selbst kein genaues Bild vom Vorgelesenen haben?

Übung Subtext: Ein Wort – Eine Geschichte
Sehr hilfreich, um das lebendige Vorlesen zu üben, ist diese Übung: Nehmen Sie aus Ihrer Geschichte nur ein einziges Wort. Machen Sie es lebendig, indem Sie in Gedanken einen Subtext über dieses Wort legen. Zum Beispiel bei dem Wörtchen „Aha".

Einige Subtexte könnten hier sein:
- Ich bin ein alter Mann und verstehe einfach nicht, was dieser verflixte Kater von mir will! Am liebsten hätte ich meine Ruhe. („Aha" klingt sehr brummig und sehr abweisend.)
- Das ist ja interessant, was dieser freche kleine Kerl mir da erzählt. Was der wohl sonst noch so weiß? (Ein helles, freundliches, aufforderndes „Aha", am Ende nach oben gezogen wie bei einer Frage.)
- Wie hat das Viech das herausgefunden? Verflixt, was mache ich jetzt bloß? (A lang gedehnt, zögernd, verlegen, mit einer längeren Pause, -ha abgesetzt.)

3 | Technik | 3.5. Präsentation von Illustrationen

Wenn Sie ein Bilderbuch aufschlagen, stehen Kinder im Nullkommanichts auf und kommen zu Ihnen, um die Bilder zu sehen. Den Rest der Vorlesung werden sie um Sie herumstehen und sich – wenn es mehr als ca. drei Kinder sind – um den besten Platz streiten. Sollte Sie das nicht stören, brauchen Sie hier nicht weiterzulesen. In den allermeisten Fällen ist es aber entspannender für Vorleser wie für Zuhörer, das Zeigen der Bilder zu regeln. **Kündigen Sie diese Regel auch an**, bevor Sie mit dem Vorlesen beginnen!

Zeigemöglichkeiten

Es gibt einige Möglichkeiten, Bilder so zu zeigen, dass alle zu ihrem Recht kommen.

Im Sitzen. Alle sitzen im Stuhlkreis, die Vorleserin zeigt langsam jedem Kind die Bilder und liest davor den entsprechenden Text. Die Vorleserin muss relativ nah bei den Kindern sitzen, um selbst sitzen bleiben zu können, am besten mit gestreckten Armen. Damit nicht immer die gleichen Kinder länger warten müssen, beginnt jede Zeigerunde abwechselnd am anderen Ende des Stuhlkreises.

Im Herumgehen. Die Vorleserin liest die entsprechende Seite vor und geht dann von Kind zu Kind. Vorteil: Der Stuhlkreis muss nicht so eng gestellt sein, so dass die Sitznachbarn der Vorleserin nicht gleich mit reinschauen können. Wieder der Gerechtigkeit halber jede Zeigerunde abwechselnd am anderen Ende des Stuhlkreises beginnen.

Über die Schulter. Der Vorleser hält das Buch neben die rechte oder linke Schulter und zeigt die Bilder, während er vorliest. Das funktioniert nur bei eher großflächigen Bildern mit kurzen Texten, dem Nacken zuliebe sollte das Buch auch nicht zu schwer sein. Auch der Blickkontakt zum Publikum wird durch diese Haltung eingeschränkt.

Eng gedrängt. Das Publikum sitzt direkt beim Vorleser, vielleicht auch hinter ihm und schaut direkt beim Vorlesen die Bilder an. Das ist sehr familiär und kuschlig, klappt aber meistens nur mit zwei Kindern perfekt. Kinder, die hinten oder seitlich stehen, sehen meist nur einen Teil der Bilder und fühlen sich benachteiligt. Bei dieser Zeigehaltung ist es am besten, der Vorleser sitzt auf gleicher Höhe wie die Kinder. Der Blickkontakt fällt weg.

Boden. Das Buch wird auf den Boden gelegt, alle sitzen darum herum und schauen gleich beim Vorlesen zu. Klappt bis zu fünf, sechs Kindern gut, wenn es mehr sind, müssen einige die Bilder auf dem Kopf anschauen. Blickkontakt ist eingeschränkt, die Haltung auf dem Boden mögen manche Vorleser auch nicht so gerne.

Auf den Knien. Es gibt spezielle Kniebücher oder auch Vorrichtungen, mit denen man ein Buch auf den Vorderbeinen platzieren kann. Die Kniebücher haben oben eine Spiralbindung, so dass die Vorleserin den Text im Schoß hat. Andere Bücher müssen entsprechend präpariert werden (Text kopieren, Kopien mit Klebepunkten auf dem Kopf herum im Buch befestigen). Eignet sich nur, wenn die Illustrationen groß sind.

Weitere Möglichkeit:

Sie können auch zuerst nur den **Text in einem Rutsch** vorlesen und dann die Bilder zeigen. Toll für das Kopfkino der Kinder! Denken Sie daran, der Gerechtigkeit halber auch die Sitznachbarn rechts und links von Ihnen nicht reinschauen zu lassen (indem Sie für größeren Abstand sorgen oder das Buch nicht ganz aufschlagen beim Vorlesen).

Bild-Text-Zusammenhang

Zur Vorbereitung gehört auch, sich die Bilder genauer anzuschauen, insbesondere mit Blick auf den Bild-Text-Zusammenhang. Leider sind die Verlage da manchmal nicht so achtsam, und es kann passieren, dass auf einer Seite etwas steht, was **erst auf der nächsten illustriert** wird – oder anders herum. Entsprechend können Sie sich mit einem Zettel markieren, ob Sie Text zuerst noch weglassen bzw. „vorholen".

Faktor Zeit

Rechnen Sie Zeit ein, um Bilder zu zeigen! Es ist oft erstaunlich, was die Kinder alles entdecken, wie manche Bilder sie zum Erzählen anregen. Freuen Sie sich an ihrer Mitteilsamkeit und klammern Sie sich nicht verzweifelt daran, das Buch zügig durchzulesen. Die **Sprachförderung** ist im Gespräch noch viel effektiver als beim reinen Vorlesen.

Viele Bilder auf einer Doppelseite

Manche Bilderbücher sind eher comicartig aufgebaut, mit vielen Bildeinheiten auf einer Doppelseite. Meiner Meinung nach ist es dann besser, das Buch erst einmal komplett vorzulesen und danach in Ruhe die Bilder anzuschauen. Grund: Das Bilderbetrachten dauert einfach sehr lange und das Vorlesen ist zerrissen. Optimal ist **ein Bild pro Doppelseite**, aber auch zwei Bilder pro Doppelseite funktionieren noch ganz gut. Mit einem leeren Blatt und Heftklammern können Sie auch ein Bild abdecken, das Sie (noch) nicht zeigen wollen.

Detailreiche Bilder

Sehr detailreiche Bilder wie zum Beispiel die Findus-und-Pettersson-Bücher sind am besten für **kleine Gruppen** unter fünf Zuhörern geeignet. Alternativ können Sie nur einige der Bilder herzeigen und die anderen „verschweigen".

Das geht natürlich nicht, wenn rechts und links die Kinder ins Buch reinlinsen können – entsprechend sollten Sie dann Ihre Zuhörer im Halbkreis setzen oder die Bilder mit einem weißen Blatt und einer Büroklammer abdecken.

Bilder gefallen nicht

Vielleicht gibt es den (eher seltenen Fall), dass Sie die Bilder nicht so gelungen, aber den Text gut finden. Mein Tipp: Kopieren Sie das Buch in Schwarz-Weiß und schneiden die Bilder weg bzw. zeigen Sie diese nicht. Erfahrungsgemäß ist der Drang der Kinder zu Ihnen dann auch nicht so groß, wenn da nur ein paar „langweilige" Kopien in Ihren Händen sind. Übrigens eine gute Möglichkeit, die Fantasie anzuregen und die Kinder anschließend eine schönere Illustration für Sie malen zu lassen!

3 | Technik | 3.6. Kamishibai und Bilderbuchkino

Die Technik bietet inzwischen die tollsten Möglichkeiten an, Bilderbücher schön zu präsentieren. **Fast wie im Kino fühlt man sich beim Bilderbuchkino**. Dabei werden die einzelnen Bilder über einen Diaprojektor bzw. Laptop/Beamer an eine Wand projiziert, so dass viele Zuhörer gleichzeitig das Bild sehen und den Text, der nach wie vor von der Vorleserin gesprochen wird, hören. Ich finde aber, dass die Nachteile überwiegen: Der Aufwand ist groß, da Sie die Geräte aufbauen müssen. Sie sitzen im Dunkeln mit einer Taschenlampe, ohne Sichtbeziehung zu den Kindern, deren ganze Konzentration auf den Bildschirm gerichtet ist. Und eigentlich wollen Sie doch in die Welt der Bücher entführen, oder?

Beziehen können Sie Bilderbuchkinos über Büchereifachstellen oder Medienstellen – fragen Sie am besten zuerst in Ihrer örtlichen Bibliothek nach.

Ein etwas anderer Effekt entsteht mit dem **Kamishibai, ein aus Japan stammender tragbarer Bilderschaukasten**, den man mittlerweile ab ca. 40 Euro erwerben kann. Die zur Erzählung gehörenden Bilder (gekaufte Bildkartensets oder selbst gemalte Bilder) werden in einen bühnenähnlichen Rahmen geschoben, die fertig besprochenen Bilder einfach herausgenommen oder über eine Vorrichtung abgerollt. Die Kosten sind recht hoch, und da Sie den Rahmen bedienen müssen, verleitet das Gerät eher zum Erzählen – aus dieser Tradition stammt es auch. Wenn Sie die Kinder mithilfe deren selbst gemalter Bilder zum Erzählen bringen möchten, ist das Kamishibai jedoch sehr geeignet.

Bezugsquellen zum Beispiel www.kreashibai.de oder www.donbosco-medien.de.

3 | Technik | 3.7. Fazit

Wenn Sie eine gute Vorleserin sein wollen, können Sie sich mit einer ganzen Menge „Technik" beschäftigen. Wichtig ist, dass Sie sich **Zeit nehmen**: für Ihren Text, in der Vorbereitung wie in der Präsentation selbst, und für Ihr Publikum (mit Pausen beim Vortrag, bei der Bildbetrachtung). Wenn Sie **mit Kopf und Herz** bei der Sache sind, können Sie ein wahres „Kopfkino" bei Ihren Zuhörern entfachen!

4 | Organisation und Ablauf von Vorlesestunden

Wenn Sie noch nicht wissen, wo Sie vorlesen sollen, überlegen Sie zunächst, wem Sie eigentlich gerne vorlesen möchten. Kindern, Senioren, Erwachsenen? Alles ist möglich, wie diese Übersicht zeigt:

Klassische Vorleseorte sind:
- Kindertagesstätten/Kindergärten
- Schulen (auch weiterführende)
- Familien- oder Nachbarschaftstreffs
- Stadtbüchereien

Seltener auch:
- Buchhandlungen
- Krankenhäuser
- Freibäder
- Altenheime
- Gefängnisse

Falls Sie schon wissen, dass Sie gerne Kindern vorlesen möchten, ist es hilfreich, hier noch einmal **zwischen Kindergarten- und Schulkindern zu unterscheiden**. Im Kindergarten stehen meistens Bilderbücher im Vordergrund. Wenn Sie lieber längere zusammenhängende Texte oder gar in Fortsetzung vorlesen möchten, sollten Sie in Schulen anfragen.

Wenn Sie die persönliche Anfrage bei einem Vorleseort Ihrer Wahl scheuen oder keine Erfahrung im Vorlesen mitbringen, recherchieren Sie doch nach, ob es in Ihrer Stadt oder Region ein **Vorlesenetzwerk** gibt, das Sie vermitteln und betreuen könnte. In Stuttgart gibt es zum Beispiel die Leseohren, in München die Lesefüchse und in Berlin die Lesewelt. Vorteile eines Netzwerks sind zudem, dass Ihnen Schulungen vor Ort angeboten werden, Sie im Team lesen können (praktisch bei längeren Urlauben oder falls Sie nicht jede Woche

Zeit haben) und zudem Tipps, Infos und Erfahrungsaustausch geboten bekommen.

Empfehlenswert ist es meiner Meinung nach, in einer **Einrichtung in Ihrer Nähe** vorzulesen - nicht nur, dass sich im Lauf der Jahre viele Kilometer ansammeln können, die Ihnen meist nicht erstattet werden. Die örtliche Nähe zu Ihrem Publikum zahlt sich auch in schönen Begegnungen außerhalb der Einrichtung aus. Beim Spaziergang oder in der Bäckerei bekommen Sie dann vielleicht auch mal zu hören: „Guck mal Mama, das ist unsere Vorlese-Oma!"

4 | Organisation und Ablauf von Vorlesestunden
| 4.2. Rahmenbedingungen

Klären Sie in einem Gespräch mit der Leitung der Bildungseinrichtung **grundsätzliche Fragen** – die gut bekannten W-Fragen können hierbei ein Leitfaden sein: Wer und wie viele, wann und wie lange, was, warum und wo? Die unten stehenden Detailfragen sollen Ihnen den Rücken stärken, denn wenn Sie keine Vorstellung haben, gibt Ihnen die Bildungseinrichtung ihre vor!

Sind Sie versichert?
Vorlesenetzwerke schließen automatisch eine Haftpflichtversicherung für ihre Ehrenamtlichen ab. Wenn Sie Ihre Vorlesestunde privat organisieren, sollten Sie mit der Leitung über die Versicherung sprechen. Manche Bundesländer haben eine Versicherung für ihre Ehrenamtlichen, die automatisch greift.

Wie sollten Sie sich in Notfällen verhalten?
Sie sind selten, doch im Fall der Fälle sollten Sie wissen, wie Sie Hilfe holen können: Wo befindet sich das nächste Telefon (nicht immer ist das eigene Handy einsatzbereit...), die nächste Toilette, der Feuerlöscher, der Notausgang, die nächste Ansprechperson? Lassen Sie sich deshalb vor Ihrem ersten Einsatz **durchs Haus führen** und mit dem Personal bekanntmachen, das während Ihrer Einsatzzeiten ebenfalls vor Ort sein wird!

In welchem Raum soll vorgelesen werden?

Besichtigen Sie vorab den Raum, den Ihnen die Leitung der Einrichtung zum Vorlesen vorschlägt. **Akustik, Lichtverhältnisse und Wohlfühl-Faktor** tragen erheblich zum Gelingen einer Vorlesestunde bei! Manchmal muss man auch mehrere Räume ausprobieren, bis man weiß, welcher der Richtige ist. Behalten Sie auch im Blick, wie viele Kinder wo im Raum platziert werden sollen. Manchmal reicht schlicht der Platz nicht bzw. ist der Raum aufgrund äußerer Störfaktoren komplett ungeeignet. Auch wenn Sie vielleicht meinen, nicht so viele Ansprüche stellen zu sollen oder dass die Einrichtung keine anderen Räume zur Verfügung hat: Trauen Sie sich! Meiner Erfahrung nach lohnen sich Experimente mit dem Vorleseraum. Und: auch wenn **Klassenzimmer** auf Außenstehende manchmal eher steril und ungemütlich wirken – für die Kinder sind es vertraute Räume mit Verhaltensregeln, die sich auch positiv auf Ihr Angebot auswirken können. Ihre Geschichte sorgt dann schon für bunte, gemütliche Farben und Stimmungen!

Nicht unterschätzen sollten Sie den Einfluss von Sitzgelegenheiten auf die Konzentration einer Gruppe! Ich lege Ihnen sehr den **Stuhlkreis** ans Herz: Auf einen Stuhl wissen die Kinder, wo ihr Platz ist, schon Stuhlkissen auf dem Boden sorgen für viel Herumrutschen und Körperkontakt. Welche Sitzordnungen möglich sind, erfahren Sie in Kapitel 4.3.

> **Zum Beispiel die Schulbücherei in W.**
> Auf den ersten Blick sah die Schulbücherei der Grundschule in W. wie der perfekte Vorleseraum aus: viele Bücher, ein kleiner quadratischer, freundlicher Raum. Doch schon bald häuften sich die Klagen des Vorleseteams. Die zehn bis zwölf Kinder saßen nämlich auf zwei großen Stufenreihen frontal vor der Vorleserin und kabbelten ständig miteinander herum. Die Kinder aus der ersten Reihe konnten zudem wunderbar an ein Regal greifen, das sich nicht verstellen ließ. Das Angebot zog um in einen bislang wenig genutzten, eher sterilen Raum, die Kinder saßen fortan im Stuhlkreis um die Vorleserin herum. „Viel besser!" lautete die Rückmeldung nach einigen Wochen.

Wer sind die Zuhörer?

Alter, Geschlecht, Hintergrund Ihres Publikums? Darüber sollten Sie vorab Bescheid wissen, denn dies ist gerade für Ihre Buchauswahl wichtig! Ist nach einer gewissen Zeit vielleicht auch ein Wechsel möglich, damit möglichst viele Kinder in den Genuss Ihres Angebots kommen?

Wer ist evtl. unterstützend dabei (Ansprechpartner vor Ort, Lehrer, Erzieherinnen, Hortbetreuerinnen)? Gerade am Anfang sollte Sie jemand begleiten, damit die Kinder Sie als Vertrauensperson akzeptieren und Sie zur Not noch weitere Fragen stellen oder um das Feedback eines anderen Erwachsenen bitten können.

Ist eine Einteilung der Gruppe nach Alter sinnvoll?

Schon bei der Lektüreauswahl werden Sie erleben, dass das Alter nicht das alleinige Kriterium dafür ist, wie Sie Ihr Vorleseangebot gestalten (siehe 2.1. Grundsätzliches zur Buchauswahl). Es gibt sehr fitte 3-Jährige, aber auch 9-Jährige, die keine fünf Minuten still sitzen können. Da aber die Lektüre mit zunehmendem Alter komplexer wird, ist es schon sinnvoll, zumindest grob nach Alter einzuteilen.

Mögliche Altersgruppen beim Vorlesen sind:
- Unter 2-Jährige (das ist natürlich ein Mini-Vorlesen in Gruppen mit 2-3 Kindern)
- 2-4 Jahre (Bilderbuch-Einsteiger, ebenfalls ein sehr kurzes Lesen mit vielen Bildern)
- 5-6 Jahre (Vorschulkinder, 1./2. Klasse)
- 3-6 Jahre (typische Kindergartengruppe)
- 4-7 oder 5-8 Jahre (gute Gruppe für Büchereien und Nachbarschaftstreffs, das klassische Vorlesealter)
- 1./2. Klasse (kann ein Altersspektrum von 5-8 Jahren bedeuten)
- 3./4. Klasse (kann ein Altersspektrum von 7-10 Jahren bedeuten)
- ab 10 Jahre
- ab 12 Jahre (Jugendbücher)

Wie viele Zuhörer sind es (ungefähr)?

Sechs bis acht Kinder gelten als optimale Anzahl für eine Vorlesegruppe. Zwölf halte ich auch noch für vertretbar. Aber ich kenne Vorleser, die gehen zu einem einzigen Kind oder haben sogar gelegentlich 30 Zuhörer! Legen Sie für sich persönlich Ihr Minimum und Ihr Maximum fest.

Was mache ich bei einer zu großen Gruppe?

Stellen Sie fest, dass Ihnen eine Gruppe zu groß ist, besprechen Sie mit dem Einrichtungsleiter Alternativen: Sie könnten die Gruppe teilen und zweimal hintereinander die gleiche Geschichte vorlesen. Sie könnten auch nur einmal lesen und die geteilte Gruppe kommt nur 14-tägig zum Zuhören. Oder die eine Gruppe kommt erst im nächsten Quartal/Halbjahr/Schuljahr zum Zug. Die einfachste Möglichkeit bei einem freiwilligen Nachmittagsangebot: Warten Sie ab, denn erfahrungsgemäß werden die Gruppen von selbst kleiner, weil die Kinder zu viele Nachmittagstermine haben oder im Sommer das Freibad lockt.

Was mache ich bei einer zu kleinen Gruppe?

Das ist eigentlich für die meisten Vorleser kein Problem. Interpretieren Sie wenig Publikum nicht als Wertung Ihres Angebots, sondern freuen Sie sich, intensiv mit den Kindern lesen und auf sie eingehen zu können! Frustrierend wird es nur dann, wenn Sie plötzlich ganz ohne Publikum dasitzen (kann bei öffentlichen Orten wie einer Bibliothek oder bei einem Nachmittagsangebot in einer Schule durchaus passieren). Wenn Sie das keinesfalls möchten, sollten Sie mit der Einrichtungsleiterin eine **Mindestteilnehmerzahl festlegen** – aber selbst dann kann Ihnen eine Grippewelle einen Strich durch die Rechnung machen! Dann ist wichtig, dass die Bildungseinrichtung Sie rechtzeitig informiert, damit Sie sich wenigstens den Weg sparen können. Das können Sie natürlich nicht beeinflussen, aber pochen Sie deutlich darauf, falls man Sie einmal doch vergessen hat zu informieren, damit es wenigstens beim nächsten Mal klappt.

Was mache ich bei einer sehr unterschiedlichen Gruppe?

Wir alle sind damit aufgewachsen, dass möglichst immer homogene Gruppen gebildet werden. Mit der Sortierung in verschiedene Schularten hat sich dies auch institutionell ausgebildet. Homogenität ist meiner Erfahrung nach jedoch ein Trugbild. Nehmen Sie zehn 8-Jährige Mädchen, deren Eltern fließend deutsch sprechen – und doch werden sie mit Ihrem Vorleseangebot nicht gleich gut zurechtkommen. Die eine ist noch sehr verspielt und verträumt, die andere liest schon dicke Wälzer. Mindestens drei haben keine tiefgreifenden Vorleseerfahrungen gemacht. Zwei oder drei sind schon sehr vorpubertär, die anderen werden es im Lauf des Jahres oder noch lange nicht.

Insofern bitte ich Sie: **Lernen Sie diese heterogene Gruppe einfach erst einmal kennen!** Machen Sie ihr vielfältige Lektüreangebote. Geben Sie ihr eine Entwicklungschance. Selbst mit Kindern, die kaum Deutsch konnten und in eine Vorlesegruppe stießen, habe ich wunderbare Erfahrungen sammeln können – man braucht natürlich **Geduld**.

Wann findet das Angebot statt?

Ob morgens um acht Uhr in der Kita, in der Mittagspause einer Ganztagsschule oder um 17 Uhr nachmittags in einem Nachbarschaftstreff – alles ist möglich! Versuchen Sie, eine Zeit zu finden, die nicht nur der Einrichtung passt, sondern in der auch Sie persönlich fit sind. Manchmal stellt sich nach einer gewissen Zeit heraus, dass die Uhrzeit (aus den unterschiedlichsten Gründen) ungeschickt ist. Dann sollten Sie nicht zögern, um einen anderen Termin zu bitten! Was bringt die schönste Vorlesestunde, wenn sich die Kinder nach dem Mittagsschlaf lieber bewegen möchten? Gut ist auch eine gewisse Regelmäßigkeit: einmal monatlich oder wöchentlich zum Beispiel, damit das Vorlesen zu einem festen Termin werden kann. Indem Sie sich mit anderen Vorleserinnen zusammenschließen und abwechseln, können Sie auch Ihre eigene zeitliche Belastung reduzieren.

Wie wird der Termin an die Zuhörer kommuniziert?

Manche Schulen machen eine Ausschreibung an die Eltern. Vielleicht könnten Sie am Text mitarbeiten, damit keine falschen Informationen weitergegeben werden. Manche Einrichtungen binden das Vorlesen ganz regulär in den Unterricht oder Kindergartenalltag ein, aber auch dann ist es gut, die Eltern zu informieren, dass das Angebot von einer ehrenamtlichen Person durchgeführt wird – gewöhnlich per **Elternbrief oder Aushang**. Mit einem Foto von Ihnen wird das Angebot noch persönlicher!

Wie lange soll das Vorlesen dauern?

20-30 Minuten sind prinzipiell bei Kindern das Maximum! Bei Erwachsenen 45

Minuten. Wenn Sie merken, dass Ihre Gruppe mehr „Futter" braucht, können Sie die Zeit beim nächsten Mal ausdehnen. Sollten Sie während des Vorlesens merken, dass Ihre Geschichte zu lang dauert, dann lesen Sie nicht schneller, sondern sparen einige Seiten, indem Sie erzählend Szenen überbrücken.

Was biete ich an?

Besprechen Sie mit der Leitung so genau wie möglich, was Ihr Vorleseangebot beinhaltet. Wenn Sie nur Märchen vorlesen möchten, sollten dass die Kinder und Eltern auch wissen. Besonders im Kindergarten wünschen sich manche Erzieherinnen, dass Sie passend zu den im Kindergarten gerade behandelten Themen vorlesen – zum Beispiel ein Buch über Schmetterlinge oder Engel. Das kann Ihnen einerseits die Lektüreauswahl vereinfachen, andererseits aber auch erschweren. **Keinesfalls sollten Sie sich ein Buch „aufs Auge drücken" lassen!** Klären sollten Sie auch, ob nach dem Vorlesen noch Zeit für malen oder basteln ist (sofern Sie dies wünschen) und ob die Einrichtung Ihnen das Material dafür zur Verfügung stellt bzw. die Kosten ersetzt.

Woher bekomme ich die Bücher?

Büchereien und Buchhandlungen sind natürlich die Standard-Antwort. Viele Bildungseinrichtungen verfügen jedoch auch selbst über eine Bücherei oder zumindest einen Fundus für die Betreuerinnen. Vielleicht dürfen auch Sie sich dort bedienen?

Warum kommen die Kinder?

Prinzipiell ist es gut, wenn die Kinder freiwillig kommen. Manchmal ist es einen Versuch wert, gerade die leseunwilligen Kinder mit einem Schnupperangebot zu ködern, zum Beispiel im Morgenkreis des Kindergartens oder im Deutschunterricht der Klasse. Stellen Sie sich auf unterschiedliche Motivationen bei den Kindern ein. Manch einer kommt einfach, weil der Freund auch hingeht. Das kann Ihre Chance sein, ihm die Welt der Bücher aufzuschließen! Und nehmen Sie es nicht zu persönlich, wenn Kinder wieder abspringen.

Regeln

In Schulen und Kindertagesstätten gibt es eigentlich immer ein kleines Regelwerk, mit dem Sie sich vorher vertraut machen sollten. Spielen Sie in Gedanken schon mal durch, was alles sein könnte, was Sie eher nicht möchten. Stört es Sie, wenn Kinder mit den Füßen wippen, aufstehen, herumlaufen, dazwischenrufen, …? Wie würden Sie reagieren? Besprechen Sie mit den Kindern vorher, wie Sie sich den Ablauf wünschen und was passiert, wenn die Kinder sich nicht daran halten. Gut verstanden wird zum Beispiel die **Gelbe und Rote Karte**, die Sie ohne viel Diskussion dem Kind dann zeigen. Klären Sie das aber vorher mit der Bildungseinrichtung ab, und auch, welche Maßnahme bei der Roten Karte droht (zum Beispiel sofort Vorlesestunde verlassen und zurück in die Gruppe/Hort gehen oder bei der nächsten Vorlesestunde nicht dabei oder…). (Siehe 5. Vom Umgang mit Kindern)

Ihre Vorleser-Persönlichkeit

Mit sich selbst sollten Sie außerdem klären, was Ihre Hauptmotivation als Vorleser ist – das ist nämlich entscheidend für Ihr Auftreten. Wie präsentieren Sie sich in der Kindergruppe? Wie wollen Sie bei den Kindern „rüberkommen"? Streng, warm, herzlich, durchsetzungsstark, witzig, frech? Mit welchem Namen sollen die Kinder Sie ansprechen, sollen sie Sie **siezen oder duzen**? Auch Ihre Kleidung sollten Sie passend auswählen. Mein Tipp: Ziehen Sie sich nicht zu förmlich an. Meiden Sie einengende Kleidung, Sie sollten sich **wohlfühlen und gut atmen können**!

> ### Zum Beispiel Frau K.
>
> Frau K. ist eine ebenso warmherzige wie resolute Person. Da sie in einer eher größeren Kindergartengruppe langfristig ohne weitere Betreuungsperson vorlesen sollte (und wollte), beschloss sie, anfangs eher ihre resolute Seite auszuleben und strenger auf die Einhaltung von Regeln zu achten. Damit die Kinder sie schnell wiedererkennen, zog sie außerdem zu ihrer Vorlesestunde immer die gleiche Bluse mit einem auffälligen Blumenmuster an.

Zum Beispiel Frau P.

Frau P. hat wenig Erfahrung mit Kindern und will vor allem eine schöne Zeit mit ihnen verbringen. Sie bestand in „ihrem" Kindergarten auf einer kleinen Gruppe mit höchstens fünf Kindern, die ersten Monate begleitet von einer Erzieherin, die für die Einhaltung der Regeln sorgte. Sie selbst konzentrierte sich aufs Vorlesen und die Gespräche, wenn Kinder mal störten oder keine Lust hatten, gab sie dies immer gleich an die Erzieherin ab.

Diese Beispiele sollen keine Wertung darstellen. Sie zeigen nur, wie unterschiedlich sich eine ehrenamtliche Person in eine Gruppe einbringen kann.

Stimmt die Chemie?

Manchmal kann man es nicht logisch begründen, warum die Chemie zwischen Vorleser und Einrichtung nicht stimmt. Ernst nehmen sollten Sie diesen Eindruck aber trotzdem! Lassen Sie insbesondere das erste Gespräch zwischen Ihnen und der Einrichtungsleitung Revue passieren. Wenn Sie das Gefühl haben, Ihr Gegenüber ist **nicht wirklich begeistert von Ihrem Angebot**, dann versuchen Sie es lieber an einem anderen Ort. Natürlich können Sie auch nachhaken: „Ich hatte nach unserem Gespräch den unbestimmten Eindruck, dass Sie doch Bedenken haben, was die Geschichtenstunde mit mir angeht. Möchten Sie wirklich, dass ich komme?" Manchmal liegt es aber gar nicht an der Leitung, sondern am Personal vor Ort, das sich vielleicht übergangen oder überfordert fühlt und Sie spüren lässt, dass Sie nicht willkommen sind. Mit einem reflektierenden Gespräch (siehe 4.4. Nachbereitung) lässt sich auch das vielleicht klären. Meine Erfahrung: Rollt die Einrichtung Ihnen keinen roten Teppich aus, wird es keine langjährige Zusammenarbeit geben!

Wenn Sie zum ersten Mal vorlesen, gibt es besonders viel vorab zu klären (siehe 4.2. Rahmenbedingungen). Doch selbst zur 5. oder 10. oder 100. Vorlesestunde gilt es, immer wieder einiges vorzubereiten.

Was lese ich vor?
Wählen Sie einen für Ihre Gruppe möglichst passenden Text aus, fragen Sie auch ruhig bei der Einrichtung nach, wenn Sie sehr unsicher sind. Beim ersten Mal gilt: „**Klein und kurz und lustig**" anfangen! Evtl. haben Sie bei den ersten Vorlesestunden auch mehrere Bücher parat (und Sie entscheiden kurz vorher, nach in Augenscheinnahme und Stimmung der Gruppe), Gut ist auch immer ein Lexikon mit vielen Bildern oder ein Sachbuch dazu! (siehe 2. Buchauswahl)

Wie bereite ich den Text vor?
Zur Vorbereitung gehört auch, sich den Text mindestens einmal laut vorzulesen, gleich unter den Gesichtspunkten: Müssen Wörter erklärt werden? Sollte ich den Text besser kürzen? Ist er lang genug? Gebe ich den Figuren eine eigene Stimme? Beim Vorlesen merken Sie auch, ob die Geschichte wirklich zum laut Lesen geeignet ist – das ist nicht immer der Fall!

Seien wir realistisch: Sie werden, wenn Sie als Vorleser viel im Einsatz sind, den Text nicht immer üben können (und wollen). Kennen sollten Sie ihn aber unbedingt, und seine Länge auch. Diese können Sie so berechnen: Lesen Sie sich eine möglichst repräsentative Seite laut vor, stoppen Sie die Zeit. Rechnen Sie diese auf die Gesamtseitenzahl hoch. Hat Ihr Buch viele Bilder, müssen Sie auch Zeit zum Bilderbetrachten einplanen – Sie werden überrascht sein, wie viel Zeit Sie dafür brauchen werden! Entpuppt sich eine Geschichte doch einmal als zu lang, raffen Sie sie durch Erzählen – das geht nur, wenn Sie den Inhalt kennen…

Denken Sie sich außerdem Fragen zu Ihrer Geschichte aus. Anschlusskommunikation verbessert deutlich die Lesefähigkeit der Kinder, sollte aber mehr sein als nur Inhalt abfragen. Beziehen Sie die Kinder mit ein in Ihre Vorlesestunde! (Siehe 4.8. Kommunikation)

Wie betrachten wir die Bilder?
Präsentieren Sie die Bilder während des Vorlesens oder erst danach? Diese Entscheidung und auch die Art der Präsentation (siehe 3.5. Präsentation von Illustrationen) sollten Sie unbedingt vorher festlegen. Je nachdem müssen Sie auch hier etwas Vorbereitungszeit investieren oder auch eine andere Sitzordnung als sonst bestimmen.

4 | Organisation und Ablauf von Vorlesestunden
| 4.4. Nachbereitung

Glückwunsch, die erste Vorlesestunde ist vorbei! Und wie war sie? Manchmal lässt sich das gar nicht so eindeutig sagen. Fragt man die Kinder direkt, bekommt man oft nur ein lapidares „Gut!" oder „Langweilig" zu hören. Als Lob dürfen Sie auf jeden Fall die Frage „Kommst du wieder?" einstufen! Auch Kinder stimmen eher schweigend mit den Füßen ab, als dass sie offen sagen, was genau ihnen gefallen oder auch nicht gefallen hat.

Um Feedback einzuholen, beziehen Sie am besten einen **Erwachsenen** mit ein – die Erzieherin, die Sie unterstützt hat, ein Vorlesekollege, der mit Ihnen im Wechsel vorlesen wird.

Überlegen Sie gemeinsam:
- Was lief gut?
- Was hat gestört?
- Was möchte ich unbedingt ändern?

Dabei werden evtl. auch wieder W-Fragen akut (siehe 4.2. Rahmenbedingungen).

Prinzipiell sollten Sie – auch wenn Sie Ihrem Vorleseort hoffentlich über Jahre verbunden bleiben – regelmäßig (meine Empfehlung: einmal im Jahr) ein **reflektierendes Gespräch** suchen. Manchmal erzählt die Leitung von tollen Elternrückmeldungen, erfährt man von der Erzieherin über den trotzigen Störenfried Details, die Ihre Geduld vergrößern können oder berichtet der Vorlesekollege von einem motivierenden Erlebnis. Erfahrungsgemäß braucht man für solche Gespräche einen ruhigen Rahmen und **kein schnelles Treffen zwischen Tür und Angel**. Alle am Angebot Beteiligten sollten dabei am Tisch sitzen – auch die Erzieherin oder Hortbetreuung „in der Hinterhand", die sich nur um weggeschickte Kinder kümmern soll. Auch mit Blick auf den teilweise schnellen Personalwechsel in Bildungseinrichtungen machen solche regelmäßigen Gespräche Sinn!

4 | Organisation und Ablauf von Vorlesestunden
| 4.5. Rituale

Rituale erhöhen die Konzentration der Kinder und sind ein **Führungsinstrument.** Das sage ich bewusst als erstes, weil viele Menschen Rituale als „zu kuschlig" oder „albern" empfinden. Natürlich können Rituale eine schöne Stimmung schaffen oder für einen vertrauten Rahmen sorgen – aber nicht als reinen Selbstzweck, sondern **mit Blick auf das Angebot**, das Sie machen: Kinder in die Welt der Bücher zu führen. Kündigen Sie Ihr Ritual ruhig an, um die Kinder nicht zu überfordern. Und beginnen Sie dann auch zu lesen, sobald die Ruhe da ist! Wenn Sie am Anfang noch Fragen stellen wollen, sollten Sie das vor Ihrem Ritual machen.

4.5.1. Anfangsrituale

Ein Vorlesebuchtuch
Das Buch, aus dem Sie vorlesen, ist in ein schönes Tuch eingewickelt wie ein Geschenk, ein Kind oder der Vorleser darf es auspacken (analog am Ende der Stunde wieder einpacken).

Klangschale

Viele Bildungseinrichtungen haben eine Klangschale oder ein ähnliches Instrument, das Sie sich ausleihen können. Wenn Sie gerne mit Klängen arbeiten, kaufen Sie sich Ihre eigene! Ich empfehle, die Klangschale selbst anzuschlagen und die Kinder zu bitten, die Hand zu strecken, sobald sie keinen Ton mehr hören – so wird es automatisch ganz still im Raum. Erfahrungsgemäß möchten die Kinder natürlich auch gerne mal selbst Hand anlegen, doch dann wollen der Gerechtigkeit halber alle… und recht schnell klingt es dann nicht mehr schön.

Kalimba

Besondere Töne produziert eine Kalimba, ein aus Afrika stammendes Daumenklavier, am besten pentatonisch gestimmt, so dass es unmöglich ist, Töne zu spielen, die nicht zusammen passen. Dieses Instrument kann man deshalb auch in der Gruppe herumgehen lassen.

Anfangsgedicht- oder Lied

Wenn Sie mit einem Gedicht oder Lied starten wollen, sollte es immer dasselbe sein – und möglichst etwas einfaches, bei dem die Kinder schnell mitmachen. Bei Kindergartenkindern eignet sich als Gedicht zum Beispiel „Es war einmal ein Mann (der hatte einen Schwamm)", als Lied „Hänschen klein" oder „Dornröschen war ein schönes Kind".

„Was haben wir letztes Mal gelesen?"

Die Frage bietet sich natürlich an, wenn Sie in Fortsetzungen lesen, aber auch bei abgeschlossenen Kurzgeschichten und Bilderbüchern lohnt sich die Frage meistens. Ein Kind ist immer dabei, das noch etwas in Erinnerung hat. So kommt Ihr Publikum schon mal kurz zu Wort (dass es kurz bleibt, dafür müssen Sie sorgen), und Sie leiten über mit „Und heute hab ich euch eine Geschichte über … mitgebracht". Wenn Sie nur selten zum Vorlesen kommen, etwa einmal im Monat nur, können Sie die Frage anders stellen: „Was habt **ihr** beim letzten Mal vorgelesen bekommen?"

Mitte schaffen

Es reicht manchmal, nur ein schönes Tuch mit einer Muschel oder einem Holztier (das in der Geschichte hoffentlich einen Auftritt hat) in die Mitte des Stuhlkreises zu legen. Automatisch fokussiert der Blick in die Mitte und weniger auf den Sitznachbarn oder das Geschehen draußen.

Kuscheltiere/Puppe
Damit können Sie schnell Vertrauen bei kleineren Kindern schaffen, ihr Einsatz sollte aber wohlüberlegt und trainiert sein. Ausführliche Informationen darüber finden Sie in Kapitel 6.1.

4.5.1. Schlussrituale

Rituale, um die Geschichtenstunde zu beenden, heben die Konzentration auf. Danach gehen wieder alle ihrer Wege. Wenn die Kinder gleich nach der letzten Seite fortspringen wollen, Sie aber eigentlich noch mal Bilder anschauen wollten oder ähnliches, ist ein Schlussritual hilfreich. Wie der Gong in der Schule zeigt es Kindern deutlich: Erst wenn das Schlussritual kommt, darf ich gehen. Solche Rituale, um die Vorlesestunde zu beenden, können sich auf die Anfangsrituale beziehen (noch mal Klangschale schlagen oder Puppe verabschiedet sich) oder einen eigenen Charakter haben, zum Beispiel:

Stempel
Hierfür benötigen Sie einen Vorlesepass, Lesezeichen o. ä., ein Stempelkissen und einen Stempel. Im Anschluss an jede Vorlesestunde erhalten die anwesenden Zuhörer einen Stempel. Nach einer festgelegten Anzahl gibt es eine kleine Belohnung, etwa in Form eines Buchgeschenks oder einer Urkunde. Bitte bedenken Sie bei einem solchen System die **auflaufenden Kosten** – meistens wird so etwas über etablierte Vorlesenetzwerke angeboten, da es für Sie bzw. einzelne Bildungseinrichtungen einfach zu teuer und aufwändig ist.

Etwas malen lassen
Eine gute Möglichkeit, das Gehörte zu vertiefen, ist ein anschließendes passendes Malangebot. Details hierzu finden Sie in Kapitel 6.2.

„Wie wird es wohl weitergehen?"
Mit dieser Frage können Sie wunderbar gemeinsam über den Fortgang einer

in mehreren Teilen vorgelesenen Geschichte spekulieren. Ihre Hauptaufgaben sind dabei, ein geheimnisvolles Gesicht zu machen und rein gar nichts zu verraten! Vielleicht sagen Sie dann auch, um allen Spekulationen ein Ende zu machen, immer denselben Spruch, etwa: „Wie wird es wohl weitergehen? – Das werden wir das nächste Mal sehen!"

Steinrunde

Ein Sprechstein oder ein anderer Gegenstand wird herumgegeben und jedes Kind darf etwas zur Geschichte sagen. Hilfreich kann es sein, eine **konkrete Frage** zu stellen: „Was hättest du gemacht an Stelle von Rotkäppchen?" Manchmal wiederholen die Kinder einfach nur die vorige Antwort, aber das können Sie einfach so stehen lassen. Wichtig ist dann, bei der nächsten Steinrunde andere Kinder beginnen zu lassen, damit nicht immer die gleichen eine eigenständige Antwort formulieren.

Bilder noch mal anschauen

Haben Sie **Mut zur Wiederholung**! Mit viel Muße die Bilder noch mal anzuschauen, vertieft die Geschichte und gibt allen Gelegenheit, genau hinzuschauen. Wichtig ist, dass nicht Sie dabei sprechen, sondern die Kinder. Wenn niemand etwas kommentieren mag (was selten vorkommt), stoßen Sie sie mit offenen Fragen an: „Was siehst du?" oder „Was gefällt dir an dem Bild?"

Rätsel/Quiz

Die Kinder müssen einzelne Wörter aus dem vorgelesenen Text erraten oder Fragen zur Geschichte beantworten. Wer die richtige Antwort weiß, bekommt einen Aufkleber, eine Murmel oder eine Muschel. Wenn Sie auf solche Belohnungen verzichten wollen, können Sie auch nur ein Stöckchen vergeben, wer die meisten hat, wird von Ihnen als Rätselkönig gelobt.

Süße Belohnungen

Kinder lieben Süßes, heute wie früher. Aber machen Sie Süßigkeiten nicht zum Ritual – sie sollten die **absolute Ausnahme** bleiben, etwa vor Weihnachten. Eltern sind heute viel kritischer, was die Gabe von Süßem durch andere betrifft. Zum einen werden die darin enthaltenen Industriezucker und Farbstoffe kritisiert, zum anderen gibt es viele Kinder, die unter Allergien leiden und sich

schwer tun, trotzdem Nein zu sagen. Viele Bildungseinrichtungen, insbesondere Kindertagesstätten, wollen auch kein süßes Vesper und wären alles andere
als erfreut, wenn Sie diese Regel torpedieren.

4 | Organisation und Ablauf von Vorlesestunden
| 4.6. Aufwärmen

Dass man sich aufwärmt, kennt man vom Sport. Muss man sich beim Vorlesen
tatsächlich aufwärmen? Meine Empfehlung: Ja! Wahrscheinlich können Sie
auch ohne gut vorlesen – mit einigen Warm-Up-Übungen schonen Sie aber auf
Dauer Ihre Stimmbänder und sorgen auch gleich noch für mehr Deutlichkeit in
Ihrer Artikulation.

Machen Sie die Übungen bei der Anfahrt, kurz bevor die Kinder kommen oder
mit den Kindern zusammen. In der Gruppe sorgen die Übungen außerdem
für **Gelächter, Bewegung und Entspannung**. Sie brauchen nicht viel Zeit,
höchstens fünf Minuten. Probieren Sie mal aus:

- Nach rechts und links, oben und unten küssen (nur Lippen bewegen, Rest des Körpers steht still)

- Zunge innen im Mund kreisen lassen (und auch in die andere Richtung)

- Zunge (vorsichtig) kauen (regt den Speichelfluss an; empfehlenswert, wenn Sie zu einem trockenen Mund neigen)

- Gesichtsmuskeln lockern, indem Sie tönen wie ein Pferd oder ein Fisch

- Löwenschrei (siehe 4.9. Spiele)

- Körpermuskeln lockern: Schütteln im Sitzen: Arme, Hände, Beine, Kopf

- Stimmübung: Körper im Stehen schütteln und währenddessen locker von oben nach unten „Mmmm-iiiiii-aaaaaa-uuuuu" tönen

- Bei **Nervosität** hilft diese Qui-Gong-Atemübung: im Stehen durch die Nase einatmen und mit den Füßen auf die Spitze steigen, Arme gleichzeitig nach oben mitnehmen, Handflächen oben zusammenführen, mit der Ausatmung durch den Mund die Arme nach unten an die Seiten führen, Atempause spüren. Wiederholen.

4 | Organisation und Ablauf von Vorlesestunden
| 4.7. Sitzordnung

Wie sollen die Kinder sitzen?

Die einfachste und beste Variante ist der Stuhlkreis: eine runde Sache, die jedem einen klar umgrenzten Platz zuweist, zentriert, Gemeinschaft schafft. Dennoch ist der Vorleser im Mittelpunkt und die beiden Plätze rechts und links von ihm sind heiß begehrt und führen manchmal zu Streitereien. Sie können sich dieses Wissen zunutze machen und Störenfriede an Ihre Seite berufen – eine Strafe, die Belohnung zugleich ist...

Je nach Raum oder vielleicht auch Buch bieten sich auch andere Varianten an:

- Stuhlkreis als **Halbkreis** (zum Beispiel wenn Sie die Bilder erst zum Schluss zeigen wollen und so Nebenbei-Reingucker vermeiden können),
- Stühle in **Reihen** (viele Kinder auf wenig Raum konzentrieren, damit sie die Bilder trotzdem gut anschauen können),
- auf dem **Boden**, rund um das Buch (das vielleicht sehr viele detail-

reiche Bilder hat), evtl. auf Sitzkissen – hier müssen Sie mit mehr „Handgreiflichkeiten" zwischen den Kindern rechnen,

- auf **Matten**, auf denen die Kinder liegen und gemütlich fläzen – zum Beispiel bei einem eher meditativen Text, der zum Träumen, Entspannen bringen soll,
- auf **Sofas, Holzkästen, anderen Sitzmöbeln** – dabei kann es bei Zwei- oder Dreisitzern öfters zu Platzstreitereien und Handgreiflichkeiten kommen. Wenn die Kinder mit den Füßen gegen das Holz trommeln, wird der Lärm vielleicht zu störend,
- in der **Klassenzimmer-Sitzordnung** (Reihen, U-Form o. ä.) mit **Tischen** vor sich – wenn die Kinder sehr unruhig sind oder sowieso im Rahmen des Unterrichts vorgelesen wird, wenn die Kinder nebenher malen/kritzeln dürfen (siehe 6.2. Malen) – der Tisch sorgt für Halt, aber auch für Distanz zum Vorlesenden.

Wie sollten Sie sitzen?

Viele Vorleser möchten gerne auf Augenhöhe mit ihrem Publikum sein und quetschen sich deshalb auf Kindergartenstühlchen oder sitzen auf dem blanken Boden. Sollten Sie nicht superfit sein, werden Rücken und Knie für diese Tortur nicht gerade dankbar sein. Schlimmer noch: So **eingequetscht** bringen Sie Ihre Stimme nicht zur schönsten Geltung! Bei mehr als fünf bis acht Kindern verlieren Sie möglicherweise auch den Draht zu Ihrem Publikum, da Sie dann keinen Überblick mehr haben. Deshalb empfehle ich Ihnen einen **Stuhl in „Erwachsenenhöhe"**, so dass Ihre Knie im 90-Grad-Winkel entspannt bleiben und Ihr Bauch frei ist. Rutschen Sie von der Stuhllehne weg, so dass Sie Präsenz in Ihrer Runde zeigen können. Zwischendurch können Sie ruhig auch mal den Rücken anlehnen. Wichtig ist, dass Sie sich wohl fühlen und gut atmen können. Manche Bildungseinrichtungen haben auch extra Ohrensessel für gemütliche Vorlesestunden. Manchmal sind solche Teile einfach zu plüschig-weich, manchmal sorgen sie für den fantastischen Rahmen, den es fürs Kopfkino braucht. Ausprobieren!

Dass Vorlesen mehr ist als: Einer liest, die anderen hören zu, diese Erkenntnis ist ganz wesentlich für den Erfolg Ihrer Vorlesestunde! Der Dialog, der sich während oder nach dem Vorlesen über das Buch entspinnen kann bzw. soll, heißt wissenschaftlich „Anschlusskommunikation". Sie erhöht wissenschaftlich nachweisbar die **Lesefähigkeit** der Kinder. Denn die Kinder kommen zu Wort, können das Thema vertiefen oder sogar mit persönlichen Bezügen versehen.

4.8.1. Grundsätzliches

Klassischerweise findet so ein Gespräch **nach dem Vorlesen** statt, wenn Ihre Zuhörer schon die ganze Geschichte kennen, deshalb dieser Begriff „Anschlusskommunikation". Gerade bei Kindergarten-Kindern bietet es sich jedoch an, sie gleich **während des Vorlesens** einzubeziehen. Warum? Ihre Aufmerksamkeitsspanne ist noch nicht so hoch, und das Vorlesen aktiviert ganz viel in ihrem Gehirn. Wenn sie sich nicht aktiv beteiligen können, werden dann gerade die jüngeren Kinder körperlich sehr wach – und Sie haben Ihre liebe Not, das dann zu bremsen oder zu kanalisieren.

Wenn Sie ein Bilderbuch vorlesen, können Sie die Kommunikation ganz wunderbar forcieren, indem Sie jeweils nach dem Vorlesen des Textes die entsprechenden **Bilder zeigen** – und zwar stumm und langsam, jedem Kind. Geraten Sie nicht in die Versuchung, die Bilder zu erklären! Kinder sind Meister im Lesen von Bildern und sehen meistens mehr als die Erwachsenen! Sagt ein Kind partout nichts und Sie wollen es im Lauf der Geschichte doch etwas locken, fragen Sie es: „Wo ist/Was macht …?" (entsprechend eine Figur oder einen Gegenstand einsetzen, der gerade in Text und Bild vorkam).

Eine andere Möglichkeit, auch mit Grundschulkindern während des Vorlesens zu kommunizieren ohne durch Bilderzeigen zu unterbrechen, ist die des „**Fül-**

lenden Vorlesens": Sie lesen den Text vor und fordern die Zuhörer auf, mit Ihnen gemeinsam einzelne Wörter oder Wendungen zu sprechen. Zum Beispiel: „Sie fesselten den Riesen vom Kopf bis zu den …". Sie machen eine Pause vor „Zehen" und die Kinder sprechen mit Ihnen das Wort gemeinsam.

4.8.2. Fragetechniken

Entscheidend für den Erfolg eines Gesprächs zwischen Ihnen und Ihren Zuhörern sind die Fragen, die Sie stellen. Sie sollten längere Antworten und nicht nur ein „Ja"/"Nein"/"Gut"/"Schlecht" herausfordern. **Wer? Wie? Was? Warum?-Fragen** eignen sich dafür wunderbar.

Am Beispiel von „Rotkäppchen und der böse Wolf" möchte ich Ihnen exemplarisch zeigen, welche Art von Fragen ich meine.

- „Was denkst du über Rotkäppchen?"
- „Wer hat Rotkäppchen und die Großmutter gerettet?"
- „Wie hat er das gemacht?"
- „Was hättest du an Stelle des Jägers gemacht?"
- „Warst du schon mal im Wald? Was hast du da gesehen?"
- „Warum hat Rotkäppchen den Wolf nicht erkannt?"

Mit der Frage „Wie hat euch die Geschichte gefallen?" leiten Sie keine Kommunikation ein, sondern schließen die Vorlesestunde ab!

4.8.3. Moderationstechniken

Vor dem Moderieren von Gesprächen haben die meisten Vorleser großen Respekt. Manchen wäre es lieber, sie könnten einfach nur vorlesen, das Buch zuklappen und dann wieder nach Hause gehen.

- „Die Kinder plappern ja nur, da kommt kein richtiges Gespräch zustande!"

- „Ein paar reden immer, manche kriegen dagegen kein Wort raus. Mir ist das zu anstrengend, da allen gerecht zu werden."
- „Ich weiß nicht, wie ich die Kinder wieder auf das Thema bringen soll."
- „Wenn es mit dem Reden losgeht, fangen die Störenfriede gleich wieder an, ihre Show abzuziehen! Wie soll ich die bändigen und gleichzeitig den Rest der Gruppe bei Stange halten?"

Das sind beispielhaft einige Rückmeldungen von Vorleserinnen und Vorlesern. Sie haben recht! – und auch nicht. **Stille zu verordnen ist einfacher als Gespräche anzustoßen.** Wenn Sie dies nicht gerne tun, sollten Sie sich allerdings fragen, ob Sie nicht besser als Lesepate (zum Lesen üben mit einem einzigen Kind) geeignet wären oder bei älteren Kindern, die schon viel geübter in so etwas sind: Im Unterricht gibt es diese Form von Gesprächskreisen nämlich auch.

Wenn Sie den Sinn solcher Gespräche einsehen und gerne etwas Handwerkszeug hätten, folgen hier einige einfache Möglichkeiten.

Vorhandene Methode?
In manchen Einrichtungen gibt es Moderationsmethoden, die mit den Kindern eingeübt werden. Fragen Sie also Ihren Ansprechpartner, ob die Kinder diesbezüglich schon etwas kennen.

Gegenstand reichen
Wer sprechen will oder das Wort erteilt bekommt, erhält von Ihnen einen Gegenstand in die Hand: einen Stein, eine Muschel, ein Kuscheltier, eine Feder, ein Stück Holz… Man spricht dann vom „Sprechstein" etc. Niemand anders darf sprechen, wenn jemand den Gegenstand in der Hand hat – eine einfache, gerechte Regel. Damit können Sie auch eine Meinung abfragen und den Gegenstand von Kind zu Kind weitergehen lassen. Jeder erhält so Gelegenheit, etwas zu sagen – muss aber nicht (siehe 4.5. Rituale).

Strecken

Das kennt jeder noch aus der Schule. Wer streckt, hat etwas zu sagen. Schnipsen und Dringlichkeitslaute disqualifizieren den Strecker. Vorschulkinder und Kinder aus Kitas kennen das System, können sich aber oft noch nicht dran halten. Auch Schulanfänger platzen gerne heraus. Wenn das überhand nimmt, also die Gruppe/Sie stört, brauchen Sie ein anderes System. Für kleinere Kinder ist die Methode mit dem Gegenstand (s.o.) besser durchzuhalten.

Sie sind der Chef!

Nehmen Sie das Gespräch immer wieder an sich, indem Sie die beantwortete Frage vielleicht erneut stellen, neue Antworten suchen, nachfragen, für Verständlichkeit sorgen. **Zeigen Sie Präsenz im Raum mit Ihrer Körperhaltung**, auch wenn Sie gerade nicht sprechen. Stehen Sie auf, wenn allgemeine Unruhe ausbricht, sobald Sie das Gespräch suchen. Schreiten Sie gleich ein, wenn Regeln nicht eingehalten werden. Diskutieren Sie nicht, sondern bleiben Sie klar in Ihren Anweisungen. Während ein Kind antwortet, ist es Ihre Aufgabe, zuzuhören und gleichzeitig den anderen zu ermöglichen, ebenfalls zuzuhören. Vielleicht erinnern Sie sich daran, wie wichtig es Ihnen als Kind war, dass der Erwachsene gerecht war? Also nicht dem einen etwas durchgehen lassen, was bei der anderen gerügt wird.

Einzelgespräche suchen

Führen Sie ein Abschiedsritual ein, bei dem Sie sich von jedem Kind einzeln verabschieden können – zum Beispiel ein Stempel auf ein Lesezeichen geben, der Kuschelhund beschnuppert noch mal jedes Kind o. ä. Lassen Sie sich dabei Zeit und stellen Sie da dann noch Fragen zum Buch. Manche Kinder sind auch zutraulicher, wenn sie nicht vor der ganzen Gruppe sprechen müssen und ein direktes Gegenüber haben.

Bewegung einbauen

Nach dem Vorlesen (manchmal auch schon währenddessen) ist der Bewegungsdrang mancher Kinder nicht mehr zu bremsen. Bauen Sie dann ein kurzes Bewegungsspiel ein (siehe 4.9. Spiele). Kündigen Sie aber vorher schon an, dass es sich nur um eine Pause handelt und Sie noch nicht fertig sind.

Kinder sind umgeben von Wörtern, die sie nicht kennen. Kinder sind Meister im Wörterlernen und im Übersetzen unbekannter Worte! Mit der Aufforderung, dass Kinder sich melden sollen, wenn sie ein Wort nicht kennen, werden Sie selten Reaktionen erhalten. **Sichten Sie selbst deshalb Ihren Text auf wichtige Worte**, deren Unkenntnis das Verständnis des Textes erschweren würde. Auch Abkürzungen gehören dazu (zum Beispiel ICE). Ich bin selbst immer wieder überrascht, welche Worte bekannt und unbekannt sind – nehmen Sie es nicht persönlich, wenn Sie den **Kenntnisstand der Kinder** nicht immer richtig einzuschätzen wissen!

Textvorbereitung: Wörter markieren
Gehen Sie Ihren Text durch und markieren Sie die Wörter, von denen Sie glauben, dass die Kinder sie nicht kennen. Überlegen Sie eine kurze, einfache Erklärung und ob eine Abbildung oder der Gegenstand selbst hilfreich für das Verständnis sein können.

Wörter vorher erklären?
Wenn Sie ein Wort erklären, bevor Sie mit dem Vorlesen anfangen, besteht die große Wahrscheinlichkeit, dass die Kinder es bis zu der Stelle, an der es vorkommt, schon wieder vergessen haben. Wenn Sie den **Gegenstand dazu mitbringen** (alternativ: ein großes Bild davon), haftet die Erklärung besser – und Sie brauchen nur an der entsprechenden Stelle auf den Gegenstand zeigen - zum Beispiel einen Teppichklopfer.

Wörter bei ihrem Vorkommen erklären
Wenn Sie viel Blickkontakt halten, sehen Sie manchmal geradezu die **Fragezeichen in den Gesichtern**, wenn ein fremdes Wort fällt. Dann sofort unterbrechen. Am besten nutzen Sie auch gleich die Gelegenheit, die Kinder mit einzubeziehen. Wer weiß, was eine Postkutsche ist? Dann nehmen Sie den Satz noch einmal von vorne auf und wiederholen das Wort.

Wörter ersetzen?
Sie sind natürlich frei, ein Wort im Text durch ein anderes zu ersetzen. Viel-

leicht ist der Spannungsbogen gerade so groß, dass ein Unterbrechen, Fragen, ins Gespräch kommen, Ihnen nicht ratsam erscheint. Versuchen Sie aber **möglichst treffende Synonyme** zu finden. Statt „Teppichstange" einfach nur „Stange" zu sagen, könnte vielleicht das falsche Bild hervorrufen – zum Beispiel eine Fahnenstange. Hängt sich nun die Protagonistin Ihrer Geschichte an diese Stange und schaukelt hin und her, ist das irgendwie nicht stimmig…

Märchensprache

Märchen leben sehr von ihrem altertümlichen Wortschatz und ihren Wendungen. Wenn Sie diese Sprache nicht mögen, sollten Sie einfach nach anderen Texten suchen – es gibt so viel anderes Gutes! Von Märchen gibt es auch häufig **stark bearbeitete Versionen**, die ganz „glatt" daherkommen. Ich finde das ein bisschen schade, Kindern diese **starke Sprachmagie** vorzuenthalten. Welch' Zauber geht von Formeln aus wie „In den alten Zeiten, als das Wünschen noch geholfen hat…"! Mehr über Märchen lesen Sie auch in Kapitel 2.4.

4 | Organisation und Ablauf von Vorlesestunden
| 4.9. Spiele

Spiele sorgen für Bewegung und Beziehung, auch unter den Kindern Und: Je besser Sie die Namen der Kinder in Ihrer Gruppe kennen, umso besser klappt die Kommunikation! Nehmen Sie sich deshalb die ersten Male die Zeit, die Namen zu lernen. Eine einfache Runde, in der jeder seinen Namen sagt, geht natürlich auch – aber warum nicht gleich die Gelegenheit nutzen, noch etwas Bewegung und Spaß mit reinzubringen? Gute **Kennenlernspiele**, die aber durchaus auch später noch gefragt sein können, sind:

Typische Bewegung

Einen Gegenstand der Reihe nach im Stuhlkreis durchgeben. Dabei den eigenen Namen sagen und eine Bewegung mit dem Gegenstand machen. Zum Beispiel: „Ich bin die Leah und mach so" (Leah umarmt den Kuschelbär/ klopft auf die Trommel/steht auf das Tuch). Variante: Jeder muss etwas anderes/ möglichst Ungewöhnliches machen.

Spinnennetz

Einer im Stuhlkreis wirft ein Wollknäuel einer Person zu, und ruft dabei deren Namen, diese wirft weiter, bis alle dran waren. Und dann geht das ganze rückwärts. Alternativ: Auf Zeit spielen und versuchen, schneller zu werden. Mit mehreren andersfarbigen Garnen spielen.

„Mein rechter rechter Platz ist leer…

…da wünsch ich mir die/den … (Namen des Kindes) her!" Dieses Spiel ist sehr beliebt bei den Kindergarten- und Grundschulkindern. Im Stuhlkreis ist ein Stuhl mehr wie es Teilnehmer sind. Die Person, die diesen Stuhl rechts von sich hat, darf sich eine Person herwünschen. Das Spiel setzt voraus, dass man die Namen zumindest schon mal gehört hat, es bringt Bewegung in die Gruppe und zeigt Ihnen, wer mit wem befreundet ist! Alternativ: mit einem freien linken Stuhl spielen. Tier oder Bewegungsart wünschen (zum Beispiel „wünsche ich mir den Marius als Pferd her!" oder „Marius hinkend/kriechend/hüpfend/ tanzend her!"

ABC-Schlange (ab Grundschule)

Alle müssen sich nach alphabetisch nach ihrem Vornamen sortieren, der Spielleiter sagt, wo der erste stehen soll und kontrolliert dann die ganze Schlange. Varianten: schweigend sortieren, nach Nachnamen sortieren, nach Alter sortieren.

Um Bewegungsenergie loszuwerden und die Konzentration zu steigern, sind **Zwischendurch-Spiele** wunderbar. Gut ist es, wenn nicht zu viel Unruhe entsteht, damit die Kinder danach gleich wieder ins Zuhören kommen.

Bogenschießen

Alle stehen auf und bleiben vor ihrem Stuhl stehen. Sie verwandeln sich in Indianer auf der Jagd. Allle halten den Bogen in der Hand (ein Arm geht nach vorne, einen imaginären Bogen haltend). Plötzlich: ein Ziel! Ein Cowboy? Ein Büffel? Ein Adler? Der Bogen wird gespannt (den anderen Arm nach hinten ziehen, der ganze Körper gespannt). Und dann: Schuss! Treffer! (Der hintere Arm lässt los, beide Arme im Jubel hochreißen.) Ein- oder zweimal wiederholen.

Löwenschrei

Alle stehen (alternativ sitzen), die Hände auf die Oberschenkel gestemmt. Sie schauen in die Mitte, verwandeln sich in Löwen: die Augen weit aufreißen, die Zunge raushängen lassen und auf Kommando (1-2-3): brüllen! Ein- oder zweimal wiederholen.

Ozeanwelle

Einer steht in der Mitte, alle anderen in einem engen Stuhlkreis um ihn herum mit einem freien Stuhl. Er dirigiert nun mit „Ozeanwelle rechts/links!" – Anweisungen den Stuhlkreis, d.h. alle müssen einen Platz nach rechts oder links weiterrutschen. Dabei muss die Person in der Mitte versuchen, durch schnelle Anweisungen Verwirrung zu stiften und dabei einen Platz zu erhaschen. Das Spiel eignet sich sehr, eine lahme, lustlose Gruppe zu aktivieren! (Quelle: „666 Spiele" von Ulrich Baer – eine unerschöpfliche Fundquelle für Spiele aller Art.)

4 | Organisation und Ablauf von Vorlesestunden
| 4.10. Fazit

Bei der Organisation Ihrer Vorlesestunde hängt viel vom **„guten Draht" zur Einrichtung** ab, in der Sie vorlesen. Diesen schaffen Sie, indem Sie von Anfang an intensiv das Gespräch mit Ihrer Ansprechpartnerin vor Ort suchen. Der Ablauf Ihrer Vorlesestunde hängt aber auch entscheidend von Ihrem **Wohlbefinden** und dem der Kinder ab. Seien Sie deshalb sehr achtsam in Ihrer Gruppe und mit Ihrer Gruppe. Betrachten Sie Kinder nicht nur als Zuhörer, sondern auch als aktiv Beteiligte – ob beim Ankommen, Aufwärmen, Verabschieden, beim Reden oder Spielen!

5 | Vom Umgang mit Kindern

Auch wenn in diesem Kapitel ausdrücklich von Kindern die Rede ist, möchte ich auch Menschen, die Erwachsenen oder Senioren vorlesen, ermutigen, dieses Kapitel zumindest ansatzweise mit dem Blickwinkel auf Ihre Zielgruppe zu durchstreifen – es ist nämlich nicht automatisch so, dass Erwachsene immer gute, brave Zuhörer wären!

5 | Organisation und Ablauf von Vorlesestunden
| 5.1. Stillsitzen & Zuhören

In unserer Idealvorstellung hängt das Publikum während unserer Vorlesedarbietung gebannt an unseren Lippen und es ist so still, dass man eine Stecknadel fallen hören könnte. Im Alltag haben wir hingegen immer wieder mal gegen Störungen zu kämpfen: Da scharrt einer ständig mit den Füßen, steht eine plötzlich auf, klopft der nächste am Stuhl des Nachbarn herum. Wichtig für Sie zu wissen ist, dass Kinder, die sich während des Zuhörens bewegen, **nicht automatisch unkonzentriert** sind. Mehr noch: Man konnte zeigen, dass scheinbar völlig gefangene Kleinkinder vor dem Fernsehgerät in Wahrheit von der Bilderflut überlastet sind und ihr Gehirn deshalb alle Bewegungen abgeschaltet hat. Für Ihre Vorlesestunde heißt das: **Dass Ihr Publikum sich bewegt, ist ein Zeichen, dass es mitdenkt!** Beobachten Sie auch einmal Erwachsene beim Zuhören – wer zum Beispiel sitzt denn bitteschön ganz starr beim Telefonieren da? Zumindest auf dem Block wird ein bisschen herumgekritzelt, oder ein Bein über das andere geschlagen, an der Kleidung herumgezupft oder unauffällig an den Haaren gefummelt. Kinder haben diese **unauffällige „Bewegungsabfuhr"** noch nicht gelernt und drücken die Aktivität ihres Hirns auch mit dem Körper aus!

Test: Stellen Sie einem bewegungsauffälligen Kind – statt es zu ermahnen –

eine Frage zum gerade vorgelesenen Inhalt („Wie heißt noch mal der Junge mit der wütenden Oma?"). Ich wette mit Ihnen, dass Sie in der Mehrheit die richtige Antwort bekommen!

Mit diesem Wissen sollten Sie jedoch trotzdem Ihre Toleranz nicht überspannen: **Stört ein Kind oder die Gruppe zu sehr, müssen Sie eingreifen**: das störende Verhalten klar benennen und nicht weiter lesen, bis Ruhe eingekehrt ist. Dieses „Zu sehr" müssen Sie für sich selbst herausfinden. Manchmal ist es auch von Ihrer Tagesform bzw. der der ganzen Gruppe abhängig. Denken Sie auch daran, dass manche Unruhe mit **Unklarheiten im Text** zu tun haben kann – fragen Sie also lieber zuerst, ob die Störung etwas mit dem Text zu tun hat und erklären Sie, was Kinder generell tun sollen, wenn sie beim Zuhören eine Frage haben. Strecken ist die übliche Lösung.

Einfache Mittel für „mehr Ruhe"
In einer ersten Stufe können Sie **leiser werden** bzw. **einfach aufhören** vorzulesen und abwarten, bis wieder alle still sind. Funktioniert das nicht, sollten Sie das störende Verhalten klar benennen und um Ruhe bitten.

Mit der Eingangsfrage, ob noch jemand auf die **Toilette** muss, können Sie sehr störende Unterbrechungen mitten im Vorlesen vermeiden.

Gibt es schon **Regeln** für die Vorlesestunde? Erinnern Sie den Störenfried an die entsprechende Regel bzw. falls Sie noch keine Regeln haben, holen Sie dies spätestens zum nächsten Treffen nach (siehe 4.2. Rahmenbedingungen). Bei der Einführung von Regeln ist es Ihre Aufgabe, **konsequent** deren Einhaltung durchzusetzen. Wenn Ihnen das nicht gelingt, sollten Sie sich eine **zweite Person** (anderer Vorleser, Erzieherin) holen, die Sie zumindest vorübergehend unterstützt.

Fragen Sie den „**Bewegungsstand**" Ihrer Gruppe ab. Wenn Sie mit ihr zusammentreffen und schon am Anfang den Eindruck haben, die Kinder sind zappelig und kaum in den Stuhlkreis zu bringen – dann bauen Sie sofort ein **Spiel** ein (siehe 4.9. Spiele). Alternativ können Sie „zum Runterkommen" eine **Fantasie- oder Traumreise** mit den Kindern machen, statt des Vorlesens oder davor. Dabei lassen Sie leise beruhigende klassische Musik laufen (ich bevorzuge Chopin) und die Kinder sitzen zwar im Stuhlkreis, aber mit dem Rücken zur Mitte, die Arme und den Kopf auf die Stuhllehne gelegt. Wenn Sie selbst aus dem Stegreif keine solchen Texte formulieren können, gibt es **hilfreiche Kurzmeditationen** in folgenden Büchern: „Hörst du die Stille? Meditative Übungen mit Kindern" von Reinhard Brunner und „Dann trägt mich meine Wolke…" von Maureen Murdock.

Führen Sie ein **Anfangsritual** ein (siehe 4.5.1. Anfangsrituale).

Beziehen Sie Ihre Zuhörer mehr in Ihre Geschichte mit ein: durch **Kommunikation** (siehe 4.8. Kommunikation) oder **Gestaltungselemente**, die die Konzentration fördern (siehe 6. Gestaltung von Vorlesestunden).

Vielleicht erweist sich auch der **Zeitpunkt** der Geschichtenstunde generell als ungünstig – manche Kinder brauchen nach dem Mittagschlaf erst mal frische Luft.

Dauert das Vorlesen vielleicht für den Störenfried **zu lange**? Dann kürzen Sie Ihre Geschichte durch Erzählen ab oder schauen nur die Bilder fertig an – und beim nächsten Mal bringen Sie eine kürzere Geschichte mit.

Ist Ihre **Gruppe zu groß** oder sind vorleseunerfahrene mit vorlesegeübten Kindern gemischt? Dann überlegen Sie sich Möglichkeiten, die Gruppe zu trennen (siehe 4.2. Rahmenbedingungen).

Manchmal liegt es auch schlicht und einfach daran, dass das **Buch** nicht zum Kind passt. Achten Sie deshalb auf Abwechslung bei der Lektüreauswahl. Oder fragen Sie doch einfach mal die Kinder, welche Geschichten sie gerne mögen! (Vgl. auch 2. Buchauswahl)

Erfahrungen

Generell wird bei den Kindern festgestellt, dass sie nicht mehr so lange stillsitzen können „wie früher". Früher wurden die Schüler ja auch mit drakonischen Maßnahmen dazu gezwungen. Früher spielten sie viel mehr draußen und hatten nicht die Medienvielfalt wie heute. Diese Faktoren werden Sie nicht beeinflussen können. Die praktische Vorleseerfahrung zeigt aber auch: Je mehr Kindern vorgelesen wird, **umso mehr gewöhnen sie sich** an die (für manche anfangs sehr ungewohnte) Zuhören- und Fantasie-Loslassen-Haltung. Kopfkino eben! Aber: Dann müssen Sie anfangs die Vorlesezeit kurz halten und erst **allmählich steigern**. Vorleser an einer Förderschule berichteten mir, dass ihre 4.-Klässler gerade mal eine Viertelstunde aushielten, die 1.-Klässler hingegen am Ende des Schuljahres die komplette Schulstunde (45 Minuten!) einforderten. So unterschiedlich können Gruppen sein!

Reden schafft Beziehung

Manchmal ist das Plappern der Kinder aber auch einfach ein Hinweis auf ihr **Redebedürfnis**. Stellen Sie sich vor, was in der Bildungseinrichtung im Lauf des Tages vielleicht schon alles an Aufgaben und Ärgernissen auf ein Kind zugekommen ist. Manchmal sind die Gruppen zu groß, Erzieherinnen und Lehrerinnen überfordert oder zu voll gestopft mit ihren Lehrplänen. Und dann kommt da so eine nette Vorlesetante, so ein gemütlicher Vorleseopa, bei dem die Chance deutlich größer ist, einmal Gehör zu finden. Was dann? Machen Sie sich klar, dass Sie Ihr Buch nicht „durchziehen" müssen und es auch Sprachförderung ist, wenn Kinder etwas erzählen. Dass Sie sogar eine **vertrauensvolle Beziehung** zu Ihrer Gruppe aufbauen können, indem Sie zuhören. Denken Sie nicht, Sie müssten Kummertante oder -onkel spielen und Lösungen parat haben. Es reicht, dazusein, beim Benennen zu helfen, die Gefühle zu ordnen. Geht es nur um ein einzelnes Kind, können Sie es vielleicht auch vertrösten, indem Sie ihm zusagen, nach der Geschichte (und dem offiziellen Ende Ihres Angebots) zuzuhören.

Haben Sie den Eindruck, dass da **grundsätzlich etwas nicht stimmt** bei einem Kind oder in Ihrer Gruppe, sprechen Sie mit Ihrem Ansprechpartner von der Bildungseinrichtung. Gesprächige Kinder kann man auch mit einer kurzen Sprechzeit zu Beginn der Vorlesestunde etwas zügeln – „Wer mag noch etwas sagen, erzählen, bevor ich loslege?"

Es gibt Kinder, die zuhören wollen, aber es nicht können. Früher sprach man vom Zappelphilipp, heute vom **Aufmerksamkeitsdefizit-Syndrom** (ADS). Wenn Sie zehn Kinder in einer Gruppe haben, ist mit großer Wahrscheinlichkeit eines mit ADS dabei. Lassen Sie sich aber nicht bange machen, nur weil Rektor oder Kindergartenleiterin Sie vor einem Kind warnen bzw. Sie darauf aufmerksam machen, dass es unter dem Syndrom leidet bzw. deshalb in medikamentöser Behandlung ist. Nicht selten sind Kinder „anders drauf", weil da jemand kommt, der nicht der typische Pädagoge ist, der ein lustiges Angebot ganz ohne erzieherische Hintergedanken macht. Gehen Sie deshalb ganz unbefangen und ohne Schubladen auf Ihre neue Gruppe zu!

Erst wenn Sie feststellen, dass Sie tatsächlich ein sehr unruhiges Kind im Publikum haben, dass Sie mit der Bitte um Abstellen des unruhigen Verhaltens und der vereinbarten Konsequenzen nicht bändigen können, sollten Sie auch aktiv werden. Der einfachste Ansatz ist: **holen Sie das Kind an Ihre Seite**. Manchmal kann auch Körperkontakt beruhigend wirken, manchmal reagiert das Kind nur umso heftiger. Körperkontakt sollten Sie nur sehr überlegt einsetzen, lesen Sie dazu bitte auch das nächste Kapitel.

Ein weiterer Lösungsansatz ist, dass Sie noch mal kritisch auf die **Größe Ihrer Gruppe** schauen. Sind so viele Kinder bei Ihnen, dass Sie es mühelos schaffen, mit allen immer wieder Blickkontakt aufzunehmen? Meiner Erfahrung nach sind zwölf Teilnehmer in einem Stuhlkreis das oberste Limit. Kinder mit ADS ziehen sehr viel Aufmerksamkeit auf sich und „stecken" auch die anderen an. Manchmal hilft auch eine Teilung der Gruppe. (Welche Möglichkeiten bei Gruppenteilungen es gibt, lesen Sie im Kapitel 4.2. Rahmenbedingungen.)

Viele Vorleserinnen tun sich schwer, **ein Kind aus der Gruppe zu schicken**. Zumal so ein Zappelphilipp gerne beteuert, ja wirklich zuhören zu wollen. Doch da sind ja auch noch die anderen Kinder, die genauso das Recht und den

Willen haben. Ist es dieses eine Kind wirklich wert, die ganze Gruppe leiden zu lassen? Ich weiß, das klingt hart. In einer Kindergartengruppe oder Schulklasse darf man so ein Kind nicht ausschließen. Aber dort hat das Kind eine geschulte Fachkraft an seiner Seite. Sie sind weder Lehrerin noch Erzieherin. Selbst wenn Sie die berufliche pädagogische Ausbildung haben, sind Sie nicht Angestellte der Bildungseinrichtung. Ihr Job ist es, Spaß am Vorlesen zu vermitteln. Wenn Sie ständig disziplinarische Maßnahmen ergreifen müssen, bleibt dieser Job auf der Strecke.

Zum Beispiel Frau Sch.

Frau Sch. liest in einer Nachmittags-AG einer Grundschule vor, überwiegend Zweit- und Drittklässler, eine sehr große Gruppe mit fast 20 Kindern. Da sie Erzieherin ist, kommt sie damit gut zurecht. Zum neuen Schuljahr gingen einige Kinder, andere kamen neu hinzu, so wie Leon. Leon sorgte von Anfang an für viel Unruhe. Er stand einfach zwischendurch auf, hielt sich nicht an die Sprech-Regeln und sorgte für viele Diskussionen und Ermahnungen – auch von Seiten der Kinder. Da Leon eigentlich charmant und intelligent ist, gab die Vorleserin ihm immer wieder eine Chance. Schließlich entschied Frau Sch.: Es ist genug, sonst platzt mir noch der Kragen, und das will ich keinesfalls. Sie besprach sich mit dem Rektor der Grundschule. Dieser unterstützte sie in der Entscheidung, dass Leon ab sofort nicht mehr in die AG kommen darf, und er teilte dies Leon auch mit. Wenige Tage später erhielt Frau Sch. einen Anruf von Leon. Er hatte so lange gebeten, bis der Rektor ihm die Telefonnummer von Frau Sch. gegeben hatte. Er bat um eine allerletzte Chance, inständig. Das Vorlesen sei so schön, er wolle unbedingt weiter dabei sein. Frau Sch. gab ihm die Gelegenheit, sich zu beweisen. Sie vereinbarte mit ihm, dass er immer rechts von ihr sitzen darf und am Ende der Stunde, wenn er wirklich nicht gestört hat, mithelfen darf, die Stempel in das Vorlesekärtchen zu geben. Von da an waren Leon und Frau Sch. ein Team!

Wenn Ihr Vorleseangebot ein richtiger Erfolg werden soll, ist es wichtig, dass die Chemie zwischen Ihnen und den Kindern stimmt. Dazu gehört, sich Gedanken über die eigene Persönlichkeit und Motivation zu machen. Dazu gehört, dass Sie sich Mühe geben, gut vorzulesen – und die Kinder, gut zuzuhören.

Ihr Kontakt zu den Kindern sollte auf dieser Basis aufbauen. Versuchen Sie nicht, die Zuneigung der Kinder durch süße Gaben, sonstige Geschenke, übertriebene Aufmerksamkeit zu erkaufen. **Ihr Kapital sind Zeit und Geschichten**, mehr brauchen Sie nicht!

Es gibt Kinder, die schnell Körperkontakt suchen und Ihnen am liebsten beim Vorlesen auf den Schoß klettern würden. **Leider ist die Unbefangenheit beim Thema Körperkontakt** bei allen Erwachsenen durch die Missbrauchsskandale dahin. Auch wenn die Initiative vom Kind ausgeht: seien Sie sehr sehr zurückhaltend beim Berühren von Kindern! Durch den Hinweis auf die Gerechtigkeitsansprüche der anderen Kinder kann man das Auf-dem-Schoß-Sitzen gut abwehren. Und natürlich ergeben sich durch Begegnungen und Beziehungen manchmal Körperkontakte, aber die können Sie steuern: Blickkontakt, Hand geben, kurze, unzweideutige Berührungen am Kopf oder Arm.

Der Gesetzgeber verlangt inzwischen, dass nicht nur Lehrer, Erzieherinnen, Fachpersonal in Bildungseinrichtungen ein **erweitertes Polizeiliches Führungszeugnis** vorlegen, sondern auch ehrenamtlich Tätige. (Ein solches Zeugnis vermerkt Einträge wegen sexuellen Delikten und wird als ein Hilfsmittel gegen Wiederholungstäter angesehen.) Sehen Sie deshalb ein solches Ansinnen der Bildungseinrichtung nicht als Misstrauen gegenüber Ihrer Person an – es geht darum, eine grundsätzliche Struktur gegen die Täter aufzubauen. Genauso gilt aber: Wenn Sie meinen, Hinweise auf einen Missbrauch wahrzunehmen, sollten Sie ohne Zögern Ihre Ansprechpartnerin konsultieren.

Sie mögen jetzt vielleicht an so etwas nicht denken, aber das kann passieren: Dass Sie sich **einmal nicht unter Kontrolle haben** und ein Kind anbrüllen oder gar einen Klaps/Schlag versetzen. Sobald Sie sich wieder unter Kontrolle haben, müssen Sie auf das Kind, seine Eltern und die Bildungseinrichtung zugehen! Glauben Sie bitte nicht, mit Schweigen eine solche Situation lösen zu können. Körperliche Gewalt ist in unserer Gesellschaft inakzeptabel, und auch verbale Gewalt hinterlässt Spuren. Versetzen Sie sich bitte in die Rolle des Kindes!

> **Zum Beispiel Herr Sch.**
> Herr Sch. ist ein sehr sanftmütiger älterer Herr und liest Kindern aus einer Grundschule nachmittags vor. Eines Tages beichtete er mir, er habe einmal die Haltung verloren und einen Jungen, der ihn bei einer Vorlesestunde sehr provoziert habe, eine Ohrfeige gegeben. Ich kannte Herrn Sch. gut und hätte mir nicht vorstellen können, dass er einmal so wütend werden würde. Er habe sich sofort bei dem Jungen entschuldigt und nach der Stunde den Rektor angerufen. Dieser habe mit ihm ein Treffen mit den Eltern arrangiert, und glücklicherweise waren diese recht verständnisvoll, da sie die Provokationen ihres Jungen gut kannten. Herr Sch. konnte weiterhin vorlesen - aus dem Ereignis hatte er noch mehr Sanftmut gelernt...

5 | Organisation und Ablauf von Vorlesestunden
| 5.4. Datenschutz

Inzwischen verlangen viele Bildungseinrichtungen von Ehrenamtlichen eine **Verschwiegenheitserklärung**. Warum? Im Rahmen Ihres Engagements kann es sein, dass Sie Informationen über einzelne Kinder erhalten, die absolut schützenswert sind. Dass Ben oder Mia Ritalin erhalten, weil sie ein Aufmerksamkeitsdefizitsyndrom (ADS) haben – das sollten Sie als Ihre Vorleserin schon wissen. Ihren Partner oder Ihre Nachbarin aber geht das rein gar nichts an und setzt das Kind mit seiner Familie nur hässlichem Tratsch aus, der sogar darin münden kann, dass das Kind gemobbt wird. Denken Sie bitte an solche möglichen **Konsequenzen**, wenn Ihnen eine solche Information auf der Zunge brennt. Wenn Sie ein großes Gesprächsbedürfnis zu dem mitgeteilten Fall haben, suchen Sie den Kontakt zum Fachpersonal der Einrichtung. Vielleicht brauchen Sie einfach noch einige allgemeine Informationen und Ihr Redebedarf ist dann gestillt?

Auch wenn Ihre Einrichtung keine solche Erklärung verlangen sollte: Seien Sie sich bewusst, dass Sie mit Daten und Datenschutz konfrontiert werden und gehen Sie mit sich selbst diese Verschwiegenheit ein. Diese Verantwortung müssen Sie bereit sein zu tragen, wenn Sie als Ehrenamtlicher mit anderen Menschen umgehen.

5 | Organisation und Ablauf von Vorlesestunden
| 5.5. Fazit

Beim Umgang mit Ihren Zuhörern sollten Sie bedenken, dass Kindheit heute anders geprägt ist, wie dies noch in Ihrer Kindheit wahrscheinlich war. Kinder können oft nicht mehr so ausdauernd zuhören, wie es früher der Fall war, sei es aufgrund einer Krankheit, zuwenig Zuhör-Erfahrung oder medialer Reizüberflutung. Auch auf der Erwachsenenseite hat sich einiges getan, drakonische Strafen und unbeschwerten Körperkontakt gibt es nicht mehr, aber Konsequenz und Beziehung sind trotzdem gefragt. Vergessen Sie als Ehrenamtlicher über all diesen manchmal schwierigen Fragen nicht, dass manche Dinge nicht von Ihnen gelöst werden können, sondern einfach in die Hände einer geschulten Fachkraft gehören.

6 | Gestaltung von Vorlesestunden

Vorlesestunden sind von ihrem Inhalt her eigentlich klar: Sie lesen vor und reden mit Ihren Zuhörern über das Gelesene. Je nachdem, wie viel Zeit Sie ausfüllen sollen bzw. welche weiteren Talente und Interessen Sie mitbringen, bietet es sich an, aus Vorlesestunden mehr zu machen, sie zu gestalten. Auch für die Konzentration des Publikums kann es hilfreich sein, Gestaltungselemente in Ihr Angebot mit einzubringen, da diese **aktivierend** wirken. Es gilt aber wie bei der Buchauswahl: Sie müssen **voll und ganz** hinter dem stehen, was Sie anbieten! Außerdem müssen Sie bedenken, dass manche Gestaltungselemente auch einiges an Vorbereitung von Ihnen abverlangen. Haben Sie immer die **Zeit** dazu? Sonst konzentrieren Sie sich lieber auf eine gute Buchauswahl!

6 | Gestaltung von Vorlesestunden
| 6.1. Puppe oder Kuscheltier

Bei Kindergarten- oder Grundschulkindern kommt eine Handpuppe oder ein Kuscheltier sicherlich gut an! Wichtig ist, dass Sie Ihrem Begleiter eine Persönlichkeit (am besten eine eigene Stimme) geben und sich vorher überlegen, **welche Funktion** er im Verlauf der Vorlesestunde ausfüllen soll.

Um das Eis zwischen Ihnen und dem Kinder zu brechen, bietet sich eine lustige, freche Figur an, die sich vielleicht auch dem Vorleser gegenüber nicht sonderlich respektvoll verhält und so für Lacher sorgen kann. Geht es darum, die Kinder zur Ruhe zu bringen, sollten Sie Ihre Figur eher als Vorbild anlegen, als geschichtenverrücktes Wesen zum Beispiel, das unbedingt jetzt zuhören möchte und sich sonst beleidigt wieder in sein Schneckenhaus zurückzieht.

Sie sehen, dass Sie hierfür eine gewisse **Lust am Spielen** mitbringen sollten! Damit dennoch die mitgebrachte Geschichte im Vordergrund bleibt, brauchen

Sie außerdem einen Zuhörerplatz für Ihre Figur - einen Extrastuhl, auf einem Kissen in der Mitte oder auf Ihrem Schoß. Meistens klappt es nicht, die Figur während des Vorlesens von Kind zu Kind weitergehen zu lassen; damit wird die Aufmerksamkeit der Kinder zu sehr abgezogen. Besser ist es, sie zur Begrüßung oder zum Abschied jeweils in persönlichen Kontakt mit dem Publikum zu bringen.

Bevor Sie Ihre Figur einsetzen, sollten Sie außerdem überlegen, ob diese ein ständiger Begleiter werden soll oder nur für diese Geschichte. Teilen Sie dies auch den Kindern mit!

Was für Figuren bieten sich konkret an?

Praktisch sind Kuscheltiere, in die man wie bei einem Waschlappen von unten mit einer Hand hineinschlüpfen kann. Ansonsten sind bei Kuscheltieren natürlich Handlichkeit und Niedlichkeit Trumpf!

Bei Puppen habe ich gute Erfahrungen mit den **Living Puppets** gemacht, Handpuppen, die der Spieler mit einer Hand halten kann und gleichzeitig deren Mund (z.T. auch die Zunge) bedient. Sie wirken sehr menschlich und sympathisch und werden häufig auch von Sozialarbeitern eingesetzt. Leider sind sie eher teuer. Fragen Sie doch Ihren Vorleseort oder das Netzwerk, falls Sie einem angehören, ob dieses einen Fundus an Handpuppen und Kuscheltieren anlegen könnte.

Falls Sie ganz viel Lust am Spiel mit solchen Figuren entwickeln, sollten Sie sich überlegen, ob Sie nicht vielleicht Ihre ganze Geschichte **szenisch mit Figuren** aufbereiten. Diese Form des Geschichtenerzählens ist sehr viel direkter und spricht Kinder sehr an. Allerdings gerät dabei das Buch in den Hintergrund oder verschwindet ganz, und Ihre Vorbereitungszeit wird noch intensiver!

6 | Gestaltung von Vorlesestunden
| 6.2. Malen

Was machen Sie bei einem längeren Telefongespräch? Häufig neigen wir zu ornamentalem Kritzeln nebenher. Auch Ihren Kindern können Sie das Malen anbieten, um ihre Motorik zu bremsen. Nachteile: Sie müssen Stifte und Papier bereitstellen und die Kinder an Tische setzen, Ihre Motivation kann sinken, da Sie während des Vorlesens meist nur auf gesenkte Köpfe schauen.

Was sollte gemalt werden?
Nebenher am besten nur Kritzeleien oder Mandalas. Eine Szene aus der vorgelesenen Geschichte lässt man am besten **hinterher** malen, da ansonsten von den Kindern nur ein Teilaspekt der Geschichte wahrgenommen wird. Beim Hinterher-Malen nutzen Sie am besten die Gelegenheit, noch mal über einzelne Szenen zu reden, Details nachzulesen oder in Einzelgespräche zu gehen! Auch das ist Anschlusskommunikation.

Tipps:
- Verwenden Sie **kleine Blöckchen**, die gut in einer Hand liegen und lediglich einen Bleistift pro Kind für das Nebenbei-Malen. Dann können alle im Stuhlkreis sitzen bleiben.
- Lassen Sie Schulkinder ihr Mäppchen mitbringen, dann hat jeder seine Farben und es gibt keine Verhandlungen wegen zu wenig Stiften/Stiftauswahl.
- Sehr schön sind **weiße A-4-Hefte**, in die die Kinder bei einem festen Malangebot nach der Vorlesestunde reinmalen können. Am Ende sind alle Werke ordentlich beieinander und auch die Eltern freuen sich vielleicht über die gemalten Vorlese-Geschichten.
- Material kann Ihnen auch die **Bildungseinrichtung** zur Verfügung stellen, meistens gibt es dort sowieso einen Fundus.
- Besprechen Sie, wer die **Anschaffungskosten** für extra Blöcke/ Hefte übernimmt – die Eltern oder vielleicht die Einrichtung?
- Kinder, die partout nicht malen wollen, sollten Sie ein **Alternativ-**

Angebot machen: „Dann schaue ich mit dir noch mal alle Bilder im Buch an" zum Beispiel, oder „Du darfst auch etwas anderes malen, wenn dir zur Geschichte nichts einfällt". Unbeschäftigte Kinder lenken die anderen ab oder fangen an, im Raum herumzutoben.

6 | Gestaltung von Vorlesestunden
| 6.3. Basteln

Basteln sollten Sie nur, wenn Sie wirklich **genug Zeit** dazu haben. Meiner Erfahrung nach sollte dann die Gesamtzeit – Vorlesen, Gespräch und Basteln - mindestens 1,5 h betragen. Basteln nach jeder Vorlesestunde ist wirklich nur etwas für richtige Bastelfans! Der **Aufwand ist deutlich höher** als beim Malen:

- Sie brauchen jedes Mal ein **anderes Objekt**.
- Das gebastelte Objekt sollte etwas mit Ihrer **Geschichte** zu tun haben. Fällt Ihnen da immer etwas ein?
- Sie müssen jedes Mal **Material** neu zusammenstellen.
- Jede **Bastelart** stellt Sie vor die erneute Frage: Schaffen die Kinder das?

Sie hören meine Skepsis, und dass ich persönlich nicht gerade ein Bastelfan bin. Dennoch möchte ich Ihnen **zwei tolle Bastel-Vorlesebücher** nicht vorenthalten:

„Jasper schafft Platz" und „Jasper lädt ein" von Martin Bertelsen. In der ersten Geschichte bastelt der Protagonist die tollsten Sachen aus Klorollen, in der zweiten gestaltet er mit den verschiedensten Drucktechniken eine Geburtstagsparty.

Ein Bastelangebot zwischendurch einmal, mit solchen Büchern, oder speziell zu Weihnachten, das kann ich Ihnen eher empfehlen. Insbesondere wenn Sie mit einer festen Kindergruppe das ganze Jahr durchlesen, ist eine solche **Abwechslung** sinnvoll.

Im Übrigen gelten beim Basteln die gleichen Tipps wie beim Malen – klären Sie vorher ab, wer die Materialkosten übernimmt bzw. ob die Einrichtung einen Fundus zur Verfügung stellen kann.

6 | Gestaltung von Vorlesestunden

| 6.4. Mitte gestalten

Eine Mitte können Sie ganz einfach halten, nur um eine **Fokussierung** (siehe 4.5. Rituale) zu erreichen: ein Samttuch, einige Muscheln oder die Klangschale darauf. Wenn Sie die Mitte mehr ausbauen, schaffen Sie **Spannung und Neugier** beim Publikum: Was sind das für Holzfiguren, haben die was mit der Geschichte zu tun? Und das goldene Kästchen daneben, was da wohl drin ist? Natürlich müssen Sie – spätestens im Anschluss ans Vorlesen – besprechen, was sich in der Mitte befindet und warum. Sie können auch die Kinder fragen, was sie erkennen und ob sie wissen, welchen Bezug der Gegenstand zum Buch hat. Vielleicht mögen die Kinder einzeln hingehen oder Gegenstände durchgeben? Die Mitte neu arrangieren?

Als Gegenstände eignen sich:
- Dinge, die Sie sowieso als Wort erklären wollen (z.B. Teppichklopfer)
- Figuren, Püppchen als Stellvertreter für die Menschen in der Geschichte
- Kuscheltiere oder Tierfiguren aus Holz oder Plastik, nicht zu klein und standfest
- Material für die Landschaft (z.B. Steine, gelbes Tuch für eine Wüste, eine Blume als Stellvertreter für einen Garten)
- Alles, was in Ihrer Geschichte vorkommt oder Ihnen passend erscheint – spielen Sie mit Ihrer Fantasie!

Zum Beispiel Frau W.

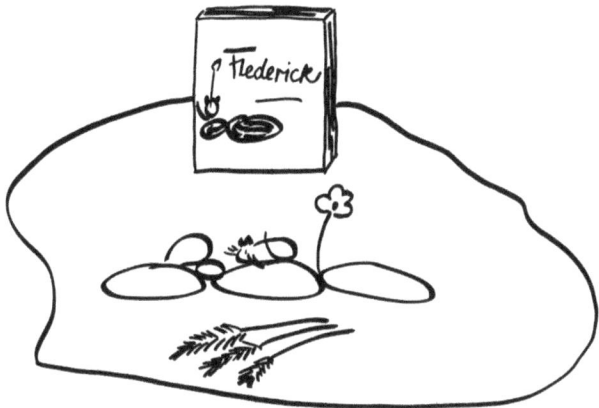

Für Leo Leonnis „Frederick" baute Frau W. für ihre Kindergartengruppe eine Steinmauer mit Maus, Ähren und einer farbigen Blume auf einem grünen Tuch auf, inspirieren ließ sie sich einfach vom Titelbild.

Viele Kürbisse, Mais, Kastanien und Herbstblumen ergaben eine farbenfreudige Mitte bei dem Bilderbuch „Violet und der Kürbis" von Ulla Neumann, in dem es um die Liebe zu Gemüse geht.

Tipps:

- Wenn Sie eine Mitte gestalten, können Sie **auf das Zeigen der Bilder verzichten.**
- Machen Sie die Mitte **nicht zu groß**, damit ein bequemes Herumgehen noch möglich ist.
- Die Mitte sollte für das Publikum **gut einsehbar** sein. Ein Halbkreis der Stühle mit dem Vorleser „oben" oder eine gestufte Mitte (mit Kissen oder Kisten unter dem Tuch) sorgen für mehr Übersichtlichkeit.

Eine schöne Variante zur Mitte ist die **Fühlkiste**. Es handelt sich dabei um eine Kiste oder Box aus Holz oder Karton (z.B. ein Schuhkarton), die an einer Schmalseite offen ist, man kann jedoch nur durch ein Tuch oder einen alten abgeschnittenen Strumpf oder Ärmel hineingreifen. Legen Sie Gegenstände hinein, die zum Thema des Buches passen (zum Beispiel beim Thema Herbst Kastanien, Nüsse, Zierkürbis). Gehen Sie dann mit der Kiste zu jedem einzelnen Kind, lassen es hineingreifen, fühlen und raten: Was ist das?

Fühlkiste: ein Schuhkarton mit rechteckiger Öffnung an der schmalen Seite und einem „Stoffvorhang" davor (am besten ein Gummiband einnähen, damit das Kind nicht spickeln kann).

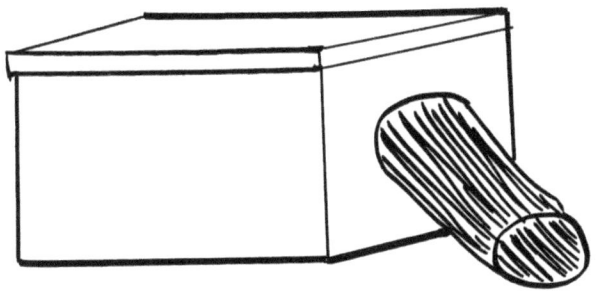

Alternativ die Box mit einem Loch versehen und einen Ärmel oder eine abgeschnittene Socke befestigen (doppelseitiges Klebeband oder tackern).

Tipp: Legen Sie **genug Gegenstände** in die Fühlkiste, so dass jedes Kind (theoretisch) einen anderen erfühlen kann.

6 | Gestaltung von Vorlesestunden

| 6.5. Szenen spielen lassen

Manchmal ergibt sich ein Nachspielen von Szenen, wenn Sie Gegenstände zur Geschichte mitgebracht haben (siehe voriges Kapitel), ganz automatisch. Ansonsten verteilen Sie einfach die **Rollen** in Ihrer Geschichte an die Kinder, stellen **offene W-Fragen** und schon kann's losgehen. Manche Kinder sind natürlich gehemmter als andere oder wollen auch unbedingt die Rolle, die schon ein anderer hat. Aber Sie müssen ja kein richtiges Theaterstück inszenieren und können die Rollen nach einer Szene durchwechseln oder schüchternen Kindern eine Statistenrolle geben – zum Beispiel als Wind, Gewitter oder Baum.

Tipps:
- 	Überlegen Sie vorher, ob sich Ihre Geschichte zum Nachspielen eignet und **genug Rollen** für alle Zuhörer bietet.

- Weniger Requisiten = mehr Fantasie!
- Sie sind die Souffleuse und helfen, wenn den Kindern kein Text einfällt.
- Verlangen Sie **keine Texttreue**, sondern lassen die Kinder sinngemäß nachspielen.
- Regen Sie die Kinder an, die Geschichte zu **verändern**. So können schöne Gespräche und tolle Ideen entstehen!
- Haben Sie nicht den Ehrgeiz, gleich alles in ein vorzeigbares Stück mit Eltern und Erzieherinnen als Publikum zu verwandeln. Kurze, spontane Spiele **ohne Zweck** bauen bei Kindern viele Hemmungen ab!
- Gute Erfahrungen habe ich mit diesen Büchern gemacht: „Es klopft bei Wanja in der Nacht" von Tilde Michels, eine gereimte Wintergeschichte, und „Steinsuppe" von Anais Vaugelade (siehe 2.5. Buchtipps: Top Ten und geeignete Quellen).

6 | Gestaltung von Vorlesestunden
| 6.6. Fazit

Um Kindern zu mehr Konzentration zu verhelfen, sie zum Reden zu bringen oder stärker zu aktivieren, ist es hilfreich, bei Ihrem Vorleseangebot mehr anzubieten als das reine Vorlesen. Ganz einfache Mittel sind Malangebote oder die Bildung einer Mitte. Wenn Sie Spaß am Spielen und an szenischer Darbietung haben, können Sie entsprechend Figuren einbauen oder Geschichten nachspielen lassen. Auch Basteln kann eine willkommene Abwechslung sein, wenn das normale Vorlesen einmal etwas „aufgepeppt" werden soll. Bleiben Sie aber immer bei sich, lassen Sie sich nichts aufzwingen und bedenken Sie den zusätzlichen Aufwand!

7 | Verwandte des Vorlesens

Je mehr Erfahrung Sie mit dem Vorlesen sammeln, umso mehr werden Sie auch mit seinen Verwandten konfrontiert. Manche Vorleserinnen haben großes Talent zum Erzählen und Theater spielen. Manchmal wiederum fordern uns die älteren Kinder heraus, die auch selber einmal beweisen wollen, dass sie vorlesen können. Oder Bildungseinrichtungen treten mit dem Wunsch an uns heran, Kindern das Lesen beizubringen.

7 | Verwandte des Vorlesens
| 7.1. Erzählen

Das Erzählen ist ein enger Verwandter des Vorlesens. Ganz einfach kommen Sie in diese Art des Vortrags hinein, wenn Sie eine Stelle im Buch – aus welchen Gründen auch immer – nicht vorlesen, sondern **erzählend zusammenfassen**.

Das Schöne am Erzählen ist der **unmittelbare Kontakt** zum Publikum. Sie können ständig Blickkontakt halten und viel spontaner auf Reaktionen Ihrer Zuhörer eingehen. Der Nachteil: Sie müssen Ihre Geschichte auswendig kennen oder in der Lage sein, die Ihnen grob bekannten Szenen Ihrer Geschichte mit Details auszuschmücken. Dabei können **Kärtchen** hilfreich sein, auf denen Sie in der Vorbereitung für jede Szene als Erinnerungshilfe einige Stichworte aufgeschrieben haben. Manchen reicht auch schon der Blick auf die mitgebrachten Gegenstände.

Gerne verrate ich Ihnen auch einen Trick mancher Erzähler, die sich mit dem Auswendiglernen schwer tun: Sie gestalten eine **Erzählkiste**, in deren Deckel sie den Text einkleben – quasi ein Spickzettel. In der Kiste selbst befinden sich Tücher und Gegenstände zur Geschichte. Während man erzählt, holt man diese

Utensilien heraus und platziert sie in einer Mitte oder auf einem niedrigen Tisch neben sich, so kann man immer wieder unauffällig auf diesen Text schauen.

Erzählen ist **sehr empfehlenswert bei unruhigen Kindern oder sehr kleinen**, die noch gar keine Erfahrung mit dem Vorlesen gesammelt haben! Aber auch generell möchte ich Sie ermutigen, nach einiger Zeit des Vorlesens doch auch mal das Erzählen auszuprobieren. Nehmen Sie einfach Ihre Vorlesegeschichte und erzählen Sie diese, statt sie vorzulesen! Fragen Sie hinterher die Kinder, ob heute eigentlich was anders war... und ob sie das gerne öfter hätten?

Nicht selten habe ich die Erfahrung gemacht, dass ein solches Erzählen auch die **Kinder selbst eher zum Erzählen bringt**. Insofern glaube ich, dass Sie damit auch besser Sprachförderung betreiben können, gerade wenn Sie eine Gruppe mit sehr stillen Teilnehmern haben oder solchen, die in mehreren Sprachen zuhause sind.

7 | Verwandte des Vorlesens
| 7.2. Theater spielen

Aus dem Spielen von Szenen nach einer Vorlesestunde kann sich auch ergeben, dass die Begeisterung so groß ist, dass man aus einer solchen Geschichte ein Theaterstück machen will. Damit ändert sich natürlich der ganze **Charakter Ihres Angebots**: statt Stunde für Stunde eine andere Geschichte vorzulesen, arbeiten Sie dann mit den Kindern an der Aufführung dieser einen Geschichte. Und es gibt einen deutlichen Schlusspunkt – die Aufführung natürlich. Sie sind dann aber nicht mehr als Vorleserin gefragt, sondern als Regisseurin, Drehbuchautorin, Souffleuse, Moderatorin und Theaterpädagogin. Wenn Sie diese Qualitäten (zumindest ansatzweise) mitbringen und Ihre Einrichtung einverstanden ist, steht einer solchen Umgestaltung natürlich nichts im Weg.

Theater spielen ist für Kinder etwas Wunderbares, da sie nicht nur ihre Sprache, sondern **den ganzen Körper zum Ausdruck** bringen können. Gerade in Schulen wird wegen der positiven Resonanz (auch der Wissenschaft) immer häufiger ein solches Angebot gemacht. Aus der Kindergartenzeit ist vielen Kindern auch noch das spontane Rollenspiel sehr vertraut. Wenn es allerdings darum geht, längere Zeit am selben Stück zu arbeiten, müssen sie manchmal auch motiviert werden. Auch das wäre Ihr Job! Umso größer dann natürlich die Zufriedenheit nach einer gelungenen Aufführung – denn soviel Applaus und Rückmeldungen bekommen Sie nach einer Vorlesestunde niemals.

7 | Verwandte des Vorlesens
| 7.3. Selber (vor)lesen

Dem alten Goethe wird folgender Spruch nachgesagt: „Die Mutter des Lesens ist das Vorlesen!" Nicht umsonst wird in der heutigen Zeit verstärkt das Vorlesen propagiert – Ausgangspunkt waren Erkenntnisse, wie schlecht Schüler lesen bzw. wie wenig Interesse an Büchern sie haben.

Um das Leise-Lesen von Kindern zu fördern, gibt es nichts Besseres und Einfacheres als vorzulesen. Deshalb bin ich auch sehr zurückhaltend, wenn mich Vorleser fragen, ob sie auch als Lesepaten aktiv werden sollen, d.h. mit Kindern, meistens nur einem, **das Lesen zu üben**. Denn: es ist mühselig, frustrierend (meist für beide Beteiligten), erfordert aber vor allem viel pädagogische Fachkompetenz. Dafür sind die Lehrerinnen da! Will eine Schule tatsächlich mit Ehrenamtlichen in diesem Bereich aktiv werden, sollte sie auch eine intensive Fortbildung dazu ermöglichen. Es gibt Netzwerke und Vereine im Bereich Lesen-Lernen, also ist der Bedarf durchaus da. Ich würde aber dennoch dem Vorlesen als Mittel zur Leseförderung und Steigerung der Lesekompetenz den Vorzug geben.

Noch viel häufiger aber kommt es vor, dass Kinder aus der Zuhörerschaft **selbst einmal den anderen vorlesen** wollen. Meine Empfehlung: Lassen Sie es nicht zu, zumindest nicht spontan. Bitten Sie das Kind, ein Buch vorzubereiten und Ihnen allein ein Stück vorzulesen. Dann sehen Sie, ob es ihm wirklich ernst ist und das Vorlesen auch gelingt. Erinnern Sie sich bitte selbst daran, **wie schwierig zuhören ist, wenn jemand nur stockend oder leiernd oder gar rasend schnell die Worte abliest**. Denken Sie daran, wenn Ihnen ein Nein zu hart erscheint: Damit bewahren Sie auch den Möchtegern-Vorleser vor dem Unmut des Publikums. Liest ein Kind den anderen vor, kommt es häufig vor, dass dann auch andere vorlesen wollen. Auch dann gilt, dass es erst die „Probe" bei Ihnen bestehen muss!

Zum Beispiel Frau B.
Eine andere Erfahrung mit dem spontanen Vorlesen durch Kinder hat Frau B. gemacht. Sie erzählte mir eines Tages, dass in ihrer Vorlesegruppe – Kinder aus einem Nachbarschaftstreff, alle mit Migrationshintergrund, zwischen sechs und elf Jahren alt – auch der Wunsch aufkam, dass die Kinder selbst lesen. Frau B. erlaubte den Kindern reihum, einen Satz aus ihrem Vorlesebuch vorzulesen. Das einzige Kind, das noch nicht lesen konnte, durfte im Anschluss die Bilder erklären. Dann aber war Frau B. wieder dran. „Da war auch etwas Glück dabei", berichtete sie, „alle Kinder konnten ziemlich gut lesen, und alle hielten sich an die Regel, nur bis zum nächsten Punkt vorzulesen."

Generell ist es so, dass **Kinder als Vorleser bei anderen, jüngeren Kindern** sehr gut ankommen! Die Vorbildfunktion ist noch viel größer als bei erwachsenen Vorlesern und es gibt wunderbare Projekte dazu. So lesen beispielsweise Jugendliche im Ortenaukreis Kindern während der Sommerferien auf Spielplätzen vor (mehr Informationen zu den Spielplatz-Vorlesern unter www.leseweltortenau.org). Manchmal organisiert auch die Schule ein Vorleseangebot, bei dem zum Beispiel 4.-Klässler in ihrem ehemaligen Kindergarten vorlesen. Generell gilt aber: die Begleitung und Anleitung durch Erwachsene ist unbedingt erforderlich und geht weit über das hinaus, was ein „Laien"-Vorleser leisten kann. Pädagogische Kenntnisse sind dabei meines Erachtens unbedingt erforderlich! Wenn ein solches Angebot Sie herausfordert – umso besser!

8 | Rückmeldungen

Würden Sie an dieser Stelle gerne ausführlichere Erfahrungsberichte von Vorlesern lesen? Ich plane, in einer weiteren Auflage in diesem Kapitel zahlreiche Seiten mit den Stimmen von Vorleserinnen und Vorlesern zu füllen, bin hierfür aber auf Ihre Mithilfe angewiesen. Schreiben Sie mir also ein paar Zeilen? Wie sind Sie zum Vorlesen gekommen? Welche Erfahrungen, ob anstrengend oder schön, haben Sie gemacht? Was für Tipps möchten Sie gerne weitergeben?

Auch wenn Sie in diesem Handbuch noch etwas vermissen, Kritik oder Anregungen für mich haben: Schreiben Sie mir!

Melanie Friedrich
Springerstraße 81
88214 Ravensburg.
www.handbuchvorlesen.jimdo.com

9 | Buchtipps

| 9.1. Vorlesebücher

Berner, Rotraud Susanne: „Sommer-Wimmelbuch" (analog alle anderen Jahreszeiten)

Bertelsen, Martin: „Jasper schafft Platz" und „Jasper lädt ein"

Boie, Kirsten: „Vater, Mutter, Kind"

Bunting, Eva und Carpenter, Nancy: „Der kleine Bär und sein kleines Boot"

Carle, Eric: „Die kleine Raupe Nimmersatt"

Dietl, Erhard: „Die Olchis"

Ende, Michael: „Ophelia und das Schattentheater"

Enquist, Per Olov: „Großvater und die Wölfe"

Funke, Cornelia: „Kleiner Werwolf"

Kleberger, Ilse: „Unsre Oma"

Koopmans, Loek: „Ein Märchen im Schnee"

Lind, Asa: „Alles von Zackarina und dem Sandwolf"

Lindgren, Astrid: „Geschichten aus Bullerbü"

Lionni, Leo: „Frederick"

Maar, Paul: „Das Sams" (7 Bände)

Matthießen, Wilhelm: „Die alte Schule" und „Das grüne Haus"

Mebs, Gudrun: „Oma, schreit der Frieder"

Michels, Tilde: „Es klopft bei Wanja in der Nacht"

Moost, Nele: „Rabe Socke"

Neumann, Ulla: „Violet und der Kürbis. Eine vergnügliche Gemüse-Liebesge-schichte mit Kochrezepten"

Nilsson, Ulf: „Die besten Beerdigungen der Welt"

Nordqvist, Sven: „Pettersson und Findus" (Reihe)

Nöstlinger, Christine: "Das große Nöstlinger Lesebuch"

Nöstlinger, Christine: „Geschichten vom Franz"

Ohmura, Tomoko: „Bitte anstellen!"

Preußler, Otfried: „Die kleine Hexe"

Scheffler, Axel: „Der Grüffelo"

THiLO: „Der Rostige Robert und elf zufällige Zufälle. Geschichten eines unschlagbaren Ritters" (und weitere Bände)

Vaugelade, Anais: „Steinsuppe"

Werner, Brigitte: „Kotzmotz der Zauberer"

„Codewort Risiko" (Reihe im Thienemann-Verlag, verschiedene Autoren)

8 | Buchtipps

8.2. Sekundärliteratur

Baer, Ulrich: „666 Spiele für jede Gruppe für alle Situationen"

Brunner, Reinhard: „Hörst du die Stille? Meditative Übungen mit Kindern"

Murdock, Maureen: „Dann trägt mich meine Wolke…"

10 | Stichwortverzeichnis